、山田進太郎D&I財団 COO

倉秀明

CAREER FIT

仕事のモヤモヤが晴れる適職の思考法

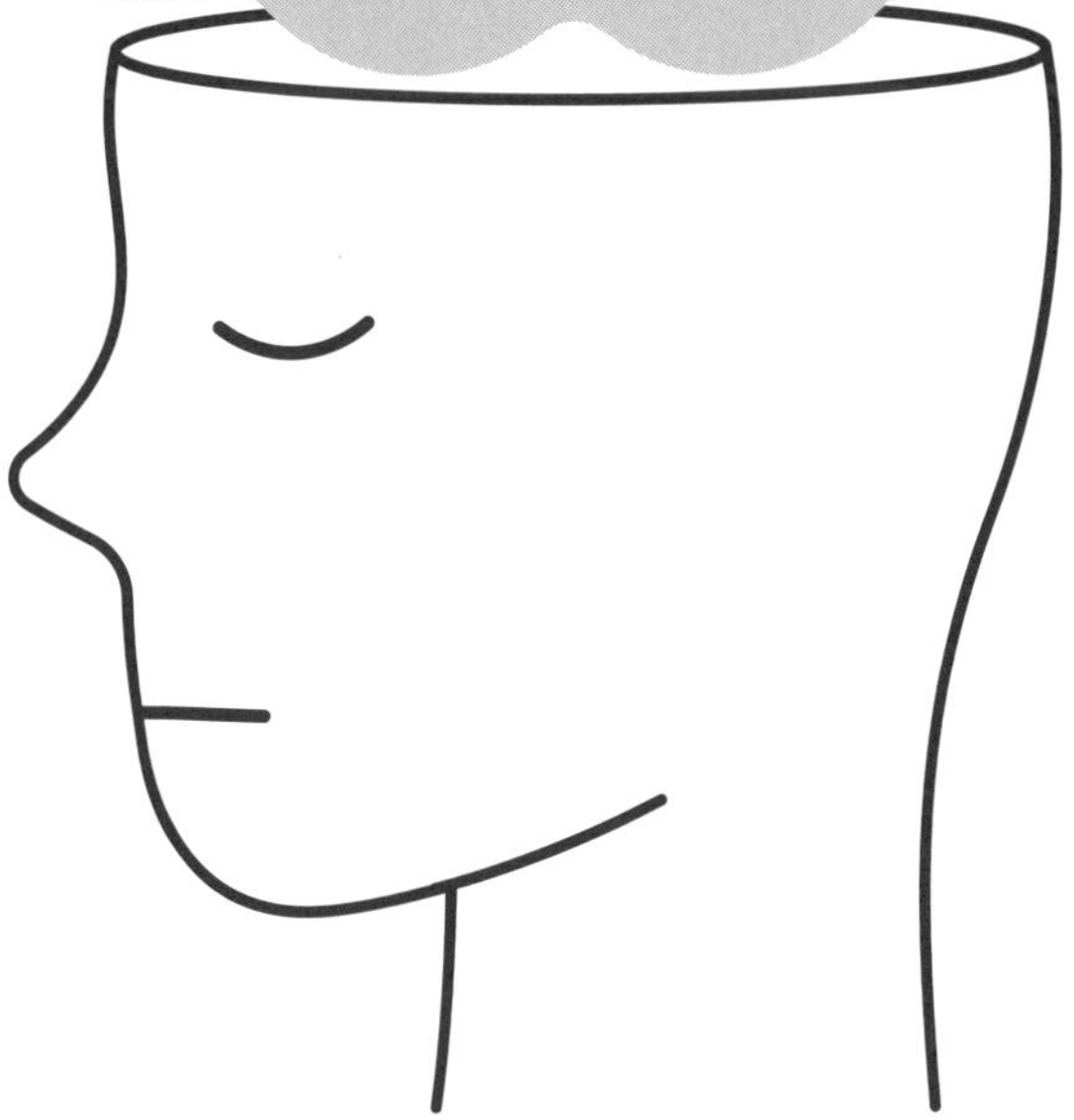

宝島社

はじめに

私は大学を中退しているので、キャリアのスタートはフリーターでした。

そこからリクルート、リブセンス、DeNAなど複数の会社で働いてきましたが、そのときの軸は「とにかく食いっぱぐれない力が身につくか」「頑張った分、他よりも稼げる力が身につくか」。

やりたいことはなかったですし、それよりもできることを増やして、お金に困らない人になりたい、そのためにとにかく実力をつけられる場所を探し続けていたのです。

「やりたいことを見つけよう」という考え方も持っていなかったですし、今も持っていません。どちらかというと否定派です。確かに、やりたいことが見つかったらいいですが、自分が本当にやりたいことなんて見つからないものですし、それが普通だと思います。

それでも、生きるためには仕事をしないといけません。そして、せっかく働くなら楽しいほうがいいし、稼ぐ力がついたほうがいいなと思っているくらいの感覚というのが本音です。

私は2024年2月に公益財団法人山田進太郎D&I財団のCOOに就任しました。この財団は、STEM（Science,Technology,Engineering,Mathematics の略）領域に進学する女性比率を2035年までにOECD諸国の平均である28%に引き上げることを目標に活動しています。

前年の11月末まで上場企業の取締役を務めていた人が非営利組織の経営陣へキャリアチェンジしたことが珍しかったのもあり、働き方やキャリアについての取材を多数受ける機会がありました。その中でも都度言っていたのですが、私自身、「やりたいこと」を重視してキャリアを選んだのはこれが初めてです。

もしかしたら、キャリアに関する本を書く者として、私は意識が低いのかもしれません。とにかく自分の力がつくところを探してきたものの、苦手なことや嫌なことを克服してまでそれを実現しようとは思っていなかったからです。むしろ、できるだけ頑張らないで実現するにはどうしたらいいかばかりを考えていました。

だって、苦手なことを頑張ってやったり、長く働くの嫌じゃないですか（笑）。

私にはそういったことを乗り越え、自分を成長させようという考え方はないですし、それに耐えられるメンタルも持ち合わせていません。そんな私だからこそ、自分ができることが最大限評価される「場所」はどこなのか、そればかりを考えてキャリアを選択してきました。

本書では、「強み」×「場所」でキャリアを選択しようという考え方をつづります。これは「苦手を克服するために努力をするのは好きじゃない」「努力を重ねるために長い時間仕事にコミットするのは嫌い」という私が、それでも自分が最大限評価されて、面白い仕事や自分の実力よりも高いスキルが要求される仕事を任されるために考えてきた方程式です。

私は大学を中退していますから学歴があるわけではありませんし、転職もそこそこの回数していたり、無職期間や派遣社員として働いていた期間もありますので、決してきれいな経歴の持ち主ではありません。それでも、名立たる会社でそれなりのポジションで働けたり、上場企業の取締役をしたり、今こうして財団の経営をさせてもらえる立場になれたのは、「強み」×「場所」の方程式を上手に活用できたからです。つまり「強み」×「場所」というのは普通の人がキャリアを考える際の生存戦略と言っていいと思います。

やりたいことを見つけよう、自分の天職を見つけよう、どこでも通用するスキルを身につけよう……「キャリア」というキーワードには、そんな言葉がついて回ります。しかし、本書にはそういった考え方や言葉はいっさい出てきません。やりたいことや天職の見つけ方、どこでも通用するスキルの身につけ方が分かるのであれば、私も知りたいくらいです（笑）。

それよりも、この本を手に取ってくれた皆さんが明日から「強み」×「場所」という方程式を使って、少しでもキャリアに関するモヤモヤや悩みを減らし、楽しく毎日を過ごしてくれること。そんな目的に特化させています。

言い換えれば、必要以上に実力をつけたり、努力したりすることなく、自分が楽しく働ける環境を見つけるための〝意識低い本〟なのです（笑）。

仕事は楽しいことばかりではないし、むしろ大変なこと、面倒くさいことのほうが多いくらいです。それでも毎日8時間しなければならないものだからこそ、その時間が少しはいい感じになるよう、お手伝いができればうれしいです。

目次

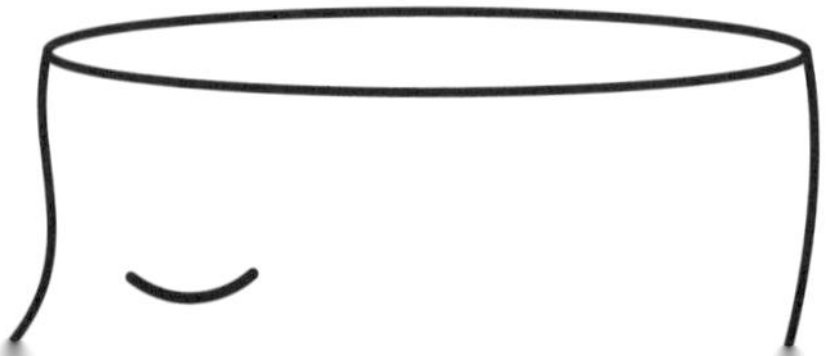

第2章

自分が輝ける「場所」探しが最重要

目次

第3章

潜在的に持つ「強み」の見極め方

目次

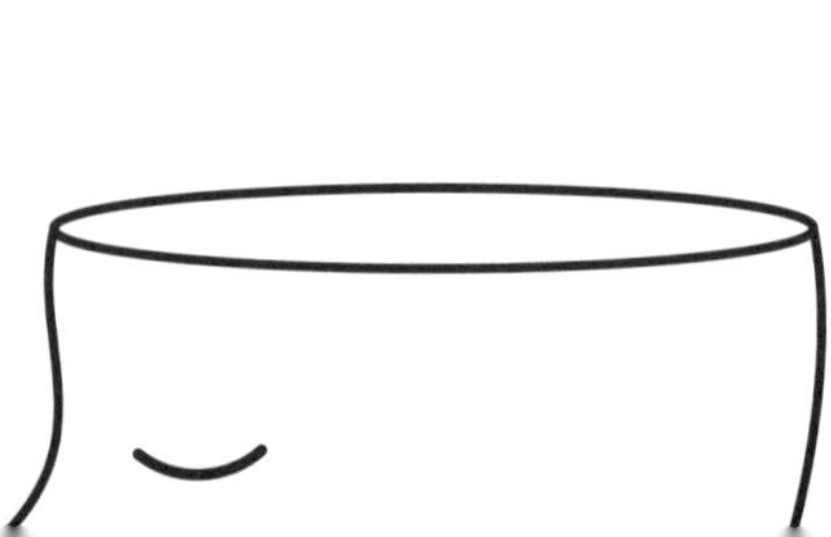

第4章
キャリアフィットを妨げる7つの落とし穴

目次

第5章 多様化するキャリア

目次

第1章

運命の仕事が分かる「キャリアフィット」の方程式

ルール①

キャリアは「アップ」ではなく「フィット」で考える

そもそもキャリアアップとは何か？

皆さんはまず「キャリア」と聞いて、何を思い浮かべるでしょうか。辞書を引いてみると、「①（職業・生涯の）経歴。②専門的技能を要する職業についていること」（『広辞苑』第五版）と定義されています。あるいは狭義の意味では「③国家公務員試験Ⅰ種（上級甲）合格者で、本庁に採用されている者の俗称」（同前）として、「キャリア組」なんていう言葉が用例として掲載されています。現在ではほとんど死語だと思いますが、女性がバリバリ働くイメージが乏しかった頃には、「キャリアウーマン」なんて言葉も使われていました。

一般的に使われているのは、①の広義の意味で、その人の学歴や職歴などを含む「経歴」としての意味合いではないかと思います。その一方で、「キャリア組」という言葉遣いにも表されているように、バリバリとエリートコースを進んでいくイメージ、つまりキャリアは常に上昇し続けるのが当たり前という「キャリアアップ」のイメージを持つ人もいるかもしれません。

人材会社や転職エージェントなどの人材業界からの発信で目につくのは、やはり「キャリアアップ」という言葉です。そこには、「キャリアはアップするものである」という不文律があるように見えます。

また、こうした世に出ている「キャリアアップ」を前提にしたキャリアの話の多くは、基本的にはいわゆる「キャリア組」のように、順風満帆に人生を歩んでいる人たちの話がベースになっているようにも思えます。

4年制の大学を出て、新卒でそこそこ大きい会社に入り、正社員としてフルタイムで働いて、出世していく。年々、年収も上がっていき、あるいは転職してさらに高収入になる。働いている会社の社格も上がり、社会的地位も手に入れる。

そんなふうに常にアップし続けるものとしてのキャリアが、世間一般では前提になっているように思います。しかし、日本社会に限ってみるだけでも、社会には、常に上げ調子のキャリアを歩んでいる人ばかりではありません。むしろ、そうではない人のほうが多数なのではないでしょうか。

そもそも日本の全企業約358万社のうち、中小企業は357万社と99・7％を占めています。そして中小企業で働く人が69％です。つまり、大企業に入社する人よりも中小企業に入社する人のほうが断然多いわけです。また、年々増加している非正規雇用者として働いている人、もしくは個人事業主としてフリーランスで働いている人も増えています。

ですから、大手企業に入って出世したり、年収を上げたりすることだけがキャリアではなくなっています。にもかかわらず、そうした順調な「キャリア組」を想定しつつ、「キャリアとはアップしなければならないものだ」「キャリアはアップしていったほうがいい」というような「思い込み」が蔓延《まんえん》していると感じます。

ひとくちに「キャリア」といっても、僕たち一人ひとりの生まれも育ちも違うように千差万別です。どんなキャリアを歩みたいかは人それぞれでしょう。

もちろん、多くの人にとって、年収や役職が上がることは「よいこと」なのかもしれません。しかし、それも、その人のキャリアの目的次第だと思います。例えば「自由になる時間が多いほうがいい」という目的を持っている人からすれば、年収が上がることは二の次になります。人それぞれのキャリアのあり方があるのです。

また、「キャリアはアップしなければならない」と述べましたが、そもそも「キャリアアップ」とは、いったい何を意味しているのでしょうか。

年収なのか。出世すること（役職が上がること）なのか。社会的地位なのか。よく知られた大手の会社に入れれば「キャリアアップ」といえるのか。

その内実は非常にあいまいです。キャリアというものが本来、人それぞれのかたちがあるものであったならば、その人にとっての「アップ」する感覚もまた、人それぞれの尺度があるはずです。そうであるはずなのに、世間一般にある「キャリアアップ」は、どうも出世や社会的地位、年収の向上という狭い範囲に押し込められてしまっているように思えるのです。

ですから、本書でまず主張したいのは「キャリアはアップするものだ」という固定観念自体を捨てよう、ということです。

「キャリアアップ」の論理が生み出す人生のモヤモヤ

このように、何となく「キャリアアップ」しなければと思い、やみくもに経験を積もうとしている人は意外と多いものです。

例えば今、営業職だったら「次に管理職やマネージャーになりたい」、あるいは「マーケティングの領域へと広げていきたい」と、違うどこかへステップアップしていきたいという人は多いはずです。あるいは、「何者かになりたい」という自己実現が動機の一つにもなっている人も多いと思います。

しかし、なんとなく「キャリアアップ」をしようとすると、先述したように、世間一般にあるような狭い範囲での「キャリアアップ」像に引きずられてしまいがちです。つまり、出世や社会的地位、年収の向上というような画一的な「キャリアアップ」のイメージが根強く、その結果、みんなと同じ道を歩んでいるだけになってしまうのではないでしょうか。

皮肉なことに、何者かになりたいはずだったのに気がついたらみんなと同じで、何者かになれた感じもしなければ、たいしてキャリアアップした感じもしなかった。その結果、「私の存在って何だろう」と悩んでしまう人も多いのではと思います。

また、多くの女性がそうであるように、結婚や出産を経るなどライフステージが変わっていくと、その都度、働く時間や働き方はやむを得ず変化します。時短で働くことやリモートワークが可能かどうかで、満足に仕事ができるかどうかも左右されたりするでしょう。自分が思い描くキャリアと合致しないなど、いくつかの難しいトレードオフな条件があり、その結果、自分の望むキャリアを諦めざるを得ない人もいると思います。

あるいは、いざ自分のキャリアを変えるために転職しようとして転職エージェントに相談しても、結局、同じ業界の同じ職種に横滑りするような提案しかされず、たいした変化を感じられない人もいるでしょう。

仕事やキャリアに関しての多くのモヤモヤは、その内実も分からないままに「キャリアアップしなければならない」という前提に引きずられてしまっているからなのではと思います。

別にキャリアアップしたいわけではないけれど、「もう少し快適に働ける環境に行きたい」というように、転職や異動の理由は実際、人それぞれなはずです。そうであるにもかかわらず、転職や異動にこだわるのは、それがキャリアアップかそうでないかという画一的な指標だからです。

　正社員として働き、係長から課長、課長から部長へと役職も高くなり、それに伴って年収も上がり……ひたすら上へ上へという指向性が、多くの人に共有されていた時代が、かつてあったのかもしれません。

　本来ならばキャリアの選択肢とはもっと多様であったはずです。しかし、それが画一的なキャリアアップ像に押されて、今まで無視されてきたのかもしれません。前時代的なキャリアアップの発想とサービスが前提となっているために、そこに合致しない人たちの悩みがいつまでも解消されず、モヤモヤが残り続けてしまっているのではと思います。

　そのモヤモヤを晴らすには、こうしたキャリアアップの論理から脱する必要があります。その時々の自分に適《かな》うキャリアを歩んでいくこと。これが、現代における適職探しのルールです。

「キャリアアップ」から「キャリアフィット」へ

「キャリアアップ」という発想は一見すると、キャリアが上昇していくという意味では動態的であるように思えますが、そのベクトルの方向は画一的で、必ずしもすべての人がその動きに適うかというと、そうではないように思います。

人生の中で、その人にとって最も良い環境というのは、その時々によって変わるものです。いちばん分かりやすいのは、結婚したり、子どもができたりしたときでしょう。その人が求める環境もずいぶん変わると思います。

そうした変化がいつ来るのか、また人生の中で何度訪れるのかは、本当に人それぞれです。20代前半で変わる人もいるかもしれないし、40歳を過ぎたら変わる人もいるかもしれません。ですから、「○歳のときには××すべき」といったことを語ることは、本書の目指すところではありません。

ただ、画一的に「キャリアはアップし続けなければならない」というフレームに当てはめて自分の人生を考えるのは、多くの人にとって無理な生き方になる可能性があります。自分には適していない人生を無理に送り続けることほど、不幸なことはないと思うのです。

逆に「ダウンした」という発想も良くないでしょう。その人のキャリアがアップしたのか、ダウンしたのかなんて、いったい誰がどういう理由で決めることができるのでしょうか。

キャリアは、その人がその時々で自分に適している環境や場所、ポジションを選んで動いていくもの。そう考えれば、そこにはアップもダウンもありません。自分に適しているかどうか、つまり「フィット」の感覚があるかどうかだと思います。フィットの条件はその時々で変わりますが、別の環境に移ることをいちいちアップかダウンかで考える必要はありません。

もちろん、その中で年収を上げたいとか、もう少し大手の会社に移りたいとか、非正規から正社員になりたいというように「アップし続けたい」という人もいると思います。その目的にフィットした選択ができるならば、それはそれでキャリアフィットのあり方なのではないでしょうか。

逆に、そんなにバリバリ仕事をしたいわけじゃないという人が考えるフィットもあります。

ですから、目指すべきはキャリアアップという発想ではなく、その都度、自分に適した環境・場所を求めていく「キャリアフィット」ではないかと思うのです。

「やりたいこと」=「仕事」でなくてもいい

自分に適うキャリア、それは言い換えれば「適職」とでも表現できるかもしれません。しかし、この「適職」というのは、必ずしも「やりたいことを仕事にしよう」ということではありません。また、自分の「やりたい仕事」と「やるべき仕事」が合致したような状態、いわゆる「天職」といわれるようなものを求めることでもありません。

往々にして「自分が何をやりたいのか分からない」という悩みを聞くことがあります。なかには「自分の天職が何なのか分からない」と言う人もいます。

こうしたキャリアに関する悩みには、「これが自分の天職だ」と思える「仕事」に就かなければならないというような、どこか強迫観念に似た思い込みがあるのかもしれません。仕事を通して自己実現をするというのも、それが可能ならもちろん良いことだと思いますが、すべての人が誰にも負けない「好きなもの」や「夢中なもの」を持ち、それを「仕事」にする必要は必ずしもないのではないでしょうか。

もちろん、好きなことがあることは良いことだと思いますし、それがその人の人生を豊かにする一つの軸になることもあると思います。しかし、キャリアの軸は、「好きなこと」だけではないと思います。

大好きなことを仮に仕事にできたとしても、まったく結果が出ないことが2年間続いたとしたら、普通、人の心は折れるはずです。

例えば、会社で企画の仕事をしていて、自分としても企画の仕事は好きだとします。けれども、入社以来ずっと自分の新商品の企画が採用されたことがないという人は、たとえ好きなことでも「たぶん、私は企画の仕事に向いていないんだな」と思うのは当然のことです。

無理を重ねて疲弊しないように、僕は「得意である」ということも、キャリアの重要な軸として考えるといいのではと思っています。「得意」というのは、のちほど詳しく述べるように、あくまでも他の人と比べて相対的に「できる」という意味での、その人の「強み」です。自分が「得意だ」と思っていることだけではなく、実際に他の人から見ても「得意だ」と思われることを活かすことは、必ずしもそれが「好きであること」とは一致しないこともあるでしょう。しかし、それが得意なことならば、人よりも無理なく、自然に行えると思うのです。

そんなふうに、無理なくできることから仕事を考えてみる。キャリアを考えてみる。これが、僕が考える働き方であり、キャリアフィットのあり方です。

言い換えるならば、自分の「強み」が活かせるような「場所」で生きることこそ、キャリアフィットの大きな条件であるといえます。

「天職」よりも「適職」を目指す思考法

そもそも、人はなぜそんなに「仕事」に、ある種の自己実現のような大きな期待をかけてしまうのでしょうか。「仕事にやりがいを持たなければならない」というのも、なぜそうでなければいけないのかと問われれば、たいした根拠もないように思います。「キャリアアップ」という幻想と同様に、そうした不確かな情報、何を意味しているのか定かではない情報を真に受けて、悩み、無為に時間を費やしてしまうことは、とても不幸なことだと思うのです。

僕自身、過去、人事やキャリア形成に関する仕事をしていた経験から考えると、多くの人が、キャリアに関するさまざまな情報に右往左往して、無駄に悩み、無駄に不幸になっている気がするのです。そうした情報を一つひとつ質《ただ》していけば、意外とたいした根拠もなく、本当はそんなに悩む必要がないことばかりです。

自分の「強み」をいちばん活かせる「場所」を見つけて、あるいは引き寄せて、最も自分にフィットするキャリアを選ぶ。これが本書で提唱する適職の思考法です。そういう考え方ができるならば、キャリアについて、仕事についてむやみに悩む必要もなくなるはずです。自分の「天職」ではなく「適職」で考えるのです。

無理に「やりたいこと」を見つける必要はありません。「自分にはやりたいことがない」「やりたいことが分からない」と思い悩み、苦しんでいるならば、そんなことよりも、自分が「やれる」ことを考えてみるとよいと思います。

ルール②

キャリアフィット＝強み×場所

「強み」と「場所」の掛け算で考える

「天職」よりも「適職」を考える「キャリアフィット」の考え方とはどういうものでしょうか。それは自分の「強み」をよく理解して、その「強み」を活かせる「場所」を探していく、ということに集約されると思います。

言い換えるならば、キャリアフィットの思考に基づくキャリアとは、自分の「強み」と「場所」を掛け合わせたものであることを意識してもらえればよいでしょう。

キャリアフィット＝強み×場所

後述するように、自分の「強み」とは絶対的な価値ではなく、あくまでも周囲との比較によって決まる相対的な価値です。そして、それは「強み」単体では大きな意味を持たないのです。

あくまでも「場所」と掛け合わせることで初めて、「強み」として意味を持つともいえるでしょう。

ですから、常に自分の「強み」を「場所」との掛け算で考えることをお勧めします。自分の「強み」を活かすには、「強み」そのものを鍛えることも必要ですが、それだけでは意味がありません。なぜならば、それは「場所」を掛け合わせることで意味を持つからです。「強み」が3であっても「場所」が1のままなら、その人の「強み」が活きずにずっと3のままです。頑張って「強さ」を磨いて4にしたとしても、「場所」を意識せずそのままなら、1上がっただけです。

しかも「強み」を鍛えるのは人間ですから、どうしても限界があります。その人の「強み」の限界が4ならば、「場所」が変わらなければずっと4のままなのです。

しかし、これが自分の「強み」に適した「場所」を選択でき、「場所」が1から2へ上がったとするならば、「強み」がたとえ3のままでも、3×2＝6で、端的に「強み」を鍛えるよりも良くなります。「強み」を2倍にも3倍にもしてくれるような「場所」を探したり、引き寄せることができたりするならば、あなたのキャリアは、それだけで6にも9にもなる可能性があります。

それがキャリアフィットの基本ですが、多くの人が見落としがちな考え方です。

そもそも……

「強み」とは何か、「場所」とは何か

「強み」とは、あくまでも相対的なもの

さて、それではこの「強み」と「場所」とはいったい何を意味しているのでしょうか。まず「強み」について考えると、つい何かすごいものだと思いがちです。しかし、「強み」とは、基本的に相対的な価値で決まるものです。

例えば、どんなに野球がうまいという人でも、イチローと比べられてしまったら、それは「強み」にならないでしょう。「野球がうまい」という「強み」は、もはや「強み」とはいえなくなります。しかし、その人が町内で集まっている草野球チームに入っ

たらどうでしょうか。たちまちにそれは「野球がうまい」という強みとして輝くのではないでしょうか。

このように、「強み」とは、各人にとって動かし難い絶対的な評価ではなく、あくまでも相対的なものに過ぎません。にもかかわらず、「強み」というと、何かその人の「本質」を表すような、難しい話にしてしまいがちです。

誰もがイチローの野球センスや技術、才能のような、ずば抜けた「強み」を手にする必要はありません。草野球で活躍できるくらいの野球のうまさでも、それは強みを発揮する場所を変えれば十分意味を持ちます。

つまり、「場所」が重要なのです。自分の強みを活かせる「場所」、自分の強みがちゃんと「強み」として成り立つような「場所」をきちんと探すことのほうが、頑張ってイチローを目指すより大事なのではないかと思います。

本書の関心事の一つであるビジネスの現場に落とし込んで考えてみましょう。

例えば、僕が営業の得意なサラリーマンだったとします。しかし、これが営業利益率55%超ともいわれるセンサ、測定器、画像処理、計測、解析、ビジネス情報機器製造販売のキーエンスや、外資系生命保険会社でも売上高上位のプルデンシャル生命保険など、営業の猛者みたいな人間ばかりのところで働くとしたらどうでしょう。本当にすごい力があって、もしかして活躍できる可能性もないとは言い切れませんが、そんな猛者たちのなかで自分の強みをうまく発揮して頭角を現し、活躍するのは、至難の業だと思います。

しかし、これが、とてもよいプロダクト（商品、製品）を販売しているのにエンジニアばかりで「営業が弱点」と思われる会社に入ったとすればどうでしょう。そこまでの営業力がなかったとしても、その会社では、その人の営業力は「強み」になります。その会社の中ではとても重宝されるようになるでしょう。つまり、周りの環境で、その人の「強み」は変わるのです。「強み」が「絶対価値ではなく、相対価値である」とは、そういうことです。

たとえ些細な強みであっても、その人がどんな場所・環境にいるかで、それが強く見えたり、弱く見えたりする。周りとの比較によって、偏差値70にも、偏差値50にもなるのです。

「強み」だけを鍛えても意味がない

多くの場合、人は自分の「強み」を持とうとするときに、つい、自分の「強み」をさらに磨くことばかりを考えてしまいます。

それは先にも述べたように、「キャリアアップをするためには」とか「ビジネスパーソンとして成長を最大化する」とか、よくビジネス誌やビジネス記事にあるような、耳に心地よいけれども実際は何を言っているのかよく分からないキャッチ（キャリアとはそもそも何でしょうか、それがアップするとは？　ビジネスパーソンの成長とは？　そもそもなぜ成長を図るのでしょうか……etc.）に翻弄されて、このままではいけないのではないかという焦りが、きっとそうさせるのではないかと思います。

例えば、新卒からずっと経理の仕事をしてきた人が、「このままではだめだ。何か変えなきゃ」とモヤモヤした不安に駆られて、とりあえず「何か新しいスキルを身につけよう」「何か資格を取ろう」と考え、未経験からいきなりプログラミングスクールに通い出したとします。けれども、それは人事担当者や採用担当者からすれば、それは「未経験からプログラミングスクールに行った人」でしかありません。あるいは、

「経理経験がありプログラミングスクールに行った人」でしかありません。結果、何も得られていないように思うのです。

もちろん、自分の「強み」そのものを伸ばすことも大事です。けれども、それ以上に、その「強み」が活きる「場所」というものが、多くの場合、おろそかになっているのではないでしょうか。自分の「強み」を伸ばすのと同じくらい、自分の「強み」が活きる「場所」を探す、あるいはそんな「場所」をつくっていくことが重要なのだと思います。その必要性に気がついている人は、実はとても少ないのではないでしょうか。

強み＝スキル＋能力＋特性

ここまで「強み」という漠然とした言葉を使ってきましたが、これをもっと細かく分解してみると、「強み」は、「スキル」と「能力」と「特性」の3つから構成されているといえます。

多くの人は、「スキル」と「能力」と「特性」を、自分の「強み」として一緒くたにしてしまいがちです。

まずはもう少し解像度を上げて、自分の「強み」がどんな構成要素からなっているか、自己分析してみることが大切です。

僕の定義では、「スキル」とは「経験を通じてできるようになったこと」を意味しています。端的に「経験」とは「過去から現在に至るまで、体験してきたこと」でしかありません。「スキル」は、そうした経験を通じて、できるようになったことであり、自分の身についたものを指しています。

これに対して、「能力」とは、「経験をスキルへと変える力」と僕は考えています。同じ経験をしても、すぐにそれができるようになる人と、いつまでも身につかない人がいます。そこには経験をスキルに変える「能力」の差があるのではないかと思います。

最後に、「特性」とは「その人が本来持っている特徴や性質、個性」を意味しています。スキルや能力はある程度鍛えたり、伸ばしたりできますが、特性はある種、生まれながらに個々の人が持っているような性質であるため、場合によっては一生変わらずに付き合っていかなければならないものもあるでしょう。とはいえ、どの特性が良くて、どの特性が悪いかとは一概には決められないものです。

そうした特性をうまく育て、その特性に合ったスキルや能力を身につけ、それが活かせる環境に行くことができれば、大きな強みにもなります。「コミュニケーションが不得意で、ひとり作業が得意」という特性を持つ人は、なかには「コミュ障」だからと自分のことを卑下したり、他人から否定的に見られたりすることもあるかもしれません。しかし、それはあくまでも環境との関係でしかなく、特性そのものに良し悪しはないのです。

これは他の強みについてもいえることです。世間一般に流布している言説に惑わされて勝手に価値づけするのではなく、フラットな目で、自分の強みを考えてみるようにしましょう。

この「スキル」「能力」「特性」については、第3章でもっと具体的に解説したいと思います。

「強み」は分解して考える

キャリアに関する不安や悩みで多いのは、自分の「強み」がよく分からないという人です。僕の見聞きした範囲でいえば、この悩みを抱える人はかなり多いです。意外と順風満帆に見える仕事をしている人でも「自分のスキルっていったい何だろう」という不安を抱えています。

新卒からそのまま20代・30代とそれなりに頑張って働いてきたけれども、今の仕事がそこまで好きというわけでもない。ちゃんとこれから自分の強みを活かし、もっとスキルを上げていかないとだめなのではないか。もっと自分の好きなことや強みを活かせる仕事に就かないと良くないのではないか。じゃあ、自分の強みって何だろう。自分しか持っていないスキルって何があるだろう……。

現状を変えたいと思っていても、自分の「強み」がよく分からない人も多いのではないでしょうか。また、それが分かったとしても、何をどうすればよいのかよく分からないで悩んでいるという人もいると思います。あるいは、別の仕事を求めて転職エージェントに相談したけれども、結局、「キャリアアップ」的な発想のアドバイスばかりで、見当違いなことを言われてモヤモヤしているという人も、きっと多いだろうと思います。

自分の強みが分からないという人は、とかく自分には強みがないと思い込みがちです。「自分はどうしたらいいのだろう、大した強みもこれといってないし……」と自分のキャリアについて自信がなく、迷っている状態の人が多いのではないでしょうか。

これらの人に共通するのは、自分が経験してきた仕事に対してフワッとしたあいまいな理解しかしていないという点です。自分の「強み」を理解するには、それまで経験してきたことが、そもそもどんな性質のものなのか、解像度を上げてより具体的に考えてみる必要があります。

仮に、芸能事務所のマネージャーをやってきたという人がいたとします。マネージャーの仕事にはどんな要素が含まれているのか改めて分解して、より具体的に考えてみましょう。

例えば、わがまましか言わないようなタレントと、要望が多くて厳しい条件を出してくる放送局や制作会社があったとします。そんなタレントとメディアの間に入り、タレントの個性を活かしたうえで、メディア受けも良くなるような落としどころを探って調整していくというのも、マネージャーの仕事の一つだと思います。

自分が担当するタレントをちゃんと分析する必要もありますし、メディアの要望に耳を傾ける力も必要でしょう。営業としての仕事だけでなく、ある種、時流を読みながらタレントを宣伝していくような仕事も求められます。

そうしたさまざまな仕事があるなかで、「自分はメディアと交渉するのが得意だな」とか「タレントの相談に乗って、人をやる気にさせることが得意だな」とか、「宣伝を考えるのが好きだったな」というように、少しでも得意だと思える部分があると思うのです。

自分がその仕事を続けて、実際にどんなことを経験したのか、その経験から自分は何を得て、どんなことがスキルとして身についているのかを振り返って自己分析してみるということは、自分の「強み」とは何かをきちんと理解するうえでとても重要なことです。

芸能事務所のマネージャーをやっていたとして、自分には「営業という強みがある」「宣伝という強みがある」と認識できれば、その強みを活かせる場所は、同じ業種・職種の「芸能事務所のマネージャー」だけでなく、他業種・他職種にも存在するはずです。

別の商品を扱う企業の営業職や宣伝職に転職することもあり得るでしょう。そのほうが自分の強みが活きる場合もあるかもしれません。自分の「強み」をよく知れば、自分の「強み」を活かすことができる「場所」を探すことにつながっていくのです。

第2章

自分が輝ける「場所」探しが最重要

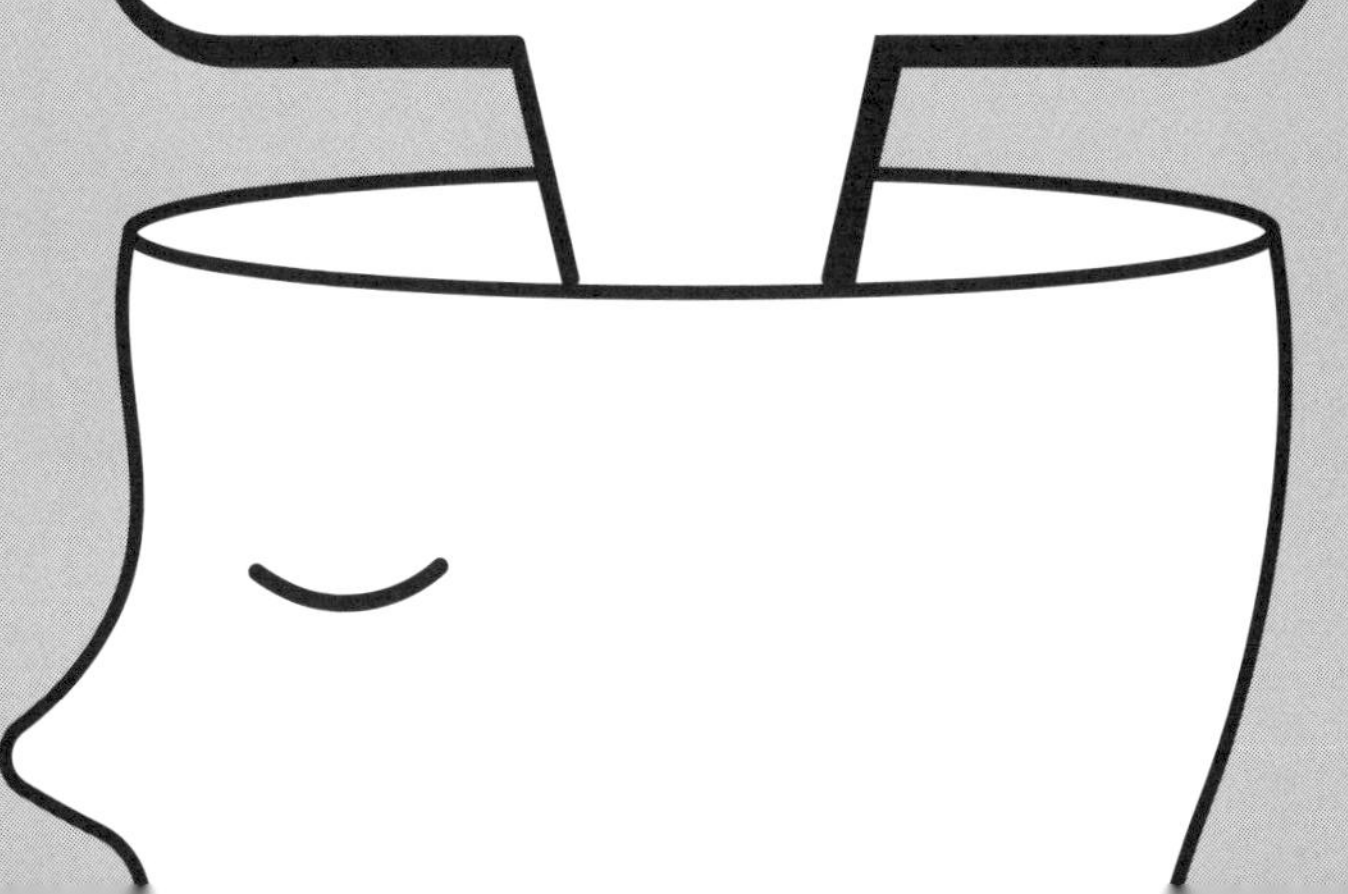

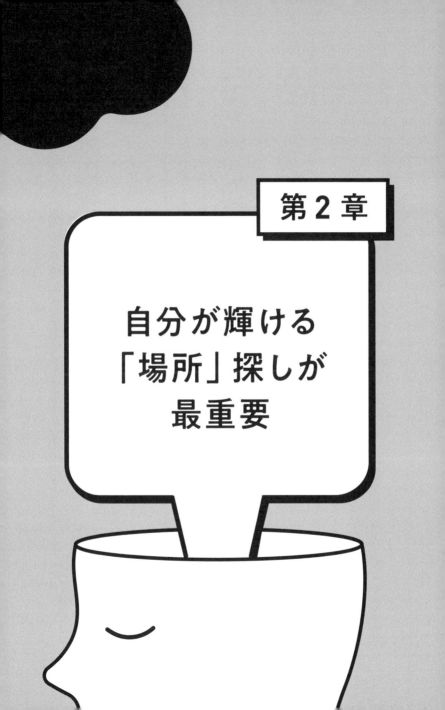

新発想!

自分の強みを活かすための「場所」探し

「強み」を活かせる「場所」を探す

では具体的に、どうやって自分の強みが活きる場所を探すのか。

強み自体が相対的な価値であることからも分かるように、強みの価値はかなり場所によって左右されます。その人の強みを活かすも殺すも、場所次第なところがあるのです。にもかかわらず、キャリアアップを考えるとき、多くの人が自分の「強み」を鍛えようとします。資格を取ろうとしたり、いきなりプログラミングスクールやデザインスクールに行ってみたりして、スキルを磨こうとしがちです。

つまり皆、なかなか「場所を変えよう」という発想にならないのです。

例えば、最初からよく知られた優良企業に入社して、ずっとその会社だけで働いてきた人。彼ら・彼女たちは、自分はこの会社だけでしか通用しないのではと感じ、別の働き方がしたくても最初から諦めてしまうケースも少なくありません。

あるいは、若くして年収が平均より上の水準まで到達してしまったので、本当は別の仕事をしたいのに転職に踏み切れない人もいるでしょう。「転職をすると年収が下がる」「食っていけなくなるのが不安だ」というような人です。こうした大手の優良企業だと、専門性がそこまで高くない割に年収が高いということがよくあります。仕事自体に希少性がないのに年収が高いため、実際に転職をしようと思っても行き先がなくなってしまうわけです。

こうなってしまうと、実際に転職に向けて動くこともできずに、ただ不安で足踏みしているだけの状態になってしまいます。その結果、自分の強みが活かせる業種・職種や企業などの情報が集約されているマーケットの情報を知ることもできなくなってしまうのです。

ただ、実際にそうしたマーケットの情報を独力で得るのは、どうしても難しいものです。

そこで活用したいのが、人材／転職会社や人材／転職エージェントです。もちろんこうした会社のサービスには、先述したように「スキルアップ」の論理を中心とした弊害も確かにあると思います。その落とし穴については、改めて後章でも取り上げたいと思いますが、実際に転職したり、求人に応募したりするかは二の次としても、そこで得られる情報にはそれなりの価値があると思います。事実、人材市場にどんな機会があるのかを知るのは、「場所」探しの有効な方法の一つだともいえるでしょう。

最近だと有料のキャリアカウンセリングなどのサービスもありますから、そういうところに相談するほうが、実は自分にとっての場所探しに有効な可能性もあります。市場がどんな人材を求めているのか、自分は実際にどんな評価をされるのか、マーケットに対する感覚を養うという意味では、こうした会社やエージェントのサービスは、使い方次第だといえそうです。

自ら行かず「場所」を引き寄せる

場所の選び方のヒントをもう一つ挙げるとすると、逆に「場所」のほうから自分のところへやってきてもらう方法があります。つまり、「場所」を「引き寄せる」方法です。どんなふうに場所を引き寄せるのかといえば、まず大事なのは自分の「強み」を隠したりしないことです。自分のキャラクターや特徴を隠さずに全開で仕事をする。絶えずアピールして発信していると「それ、いいな」という人が寄ってくるのです。それはつまり、自分から応募したり選択したりするまでもなく、勝手に周囲のほうから、自分のことを選抜・選別してくれるのです。

会社員など組織の中で働いている人も、こういうことをもっとやったほうがいいと、実は僕は思っています。

きっと多くの人が毎日働く職場だから空気を悪くしたくないし、嫌われないように平均的に仕事をしよう、なんて思っていないでしょうか。「出る杭は打たれる」なんて言われますが、平凡に仕事をしていては、自分の「強み」をどう活かすべきかなんて、いつまでも分かりません。「出る杭」自体も育たないままです。そこで、自分の「強み」を出して、キャラクターや特徴を全開にして仕事をしていると、あなたの「強み」や特徴が周囲にも伝わるようになります。

するると、例えば「あいつは事務処理が全然だめだけど、むちゃくちゃ売ってくるよな」と見られるようになったりするわけです。もちろん、上司からはもっとオールマイティに仕事をしろと注意されるかもしれませんが、「それが面白い」と思ってくれる役員などもいたりするものです。そうなると、あの人は営業が適任だという評価になってきます。つまり、営業という「場所」のほうからやってくるわけです。

このように、自分が得意とすることを全力でやるようにすれば、「場所」のほうからやってくる、つまり「場所を引き寄せる」ことができるのです。何か新規のプロジェクトがあれば、「営業担当として、参加してみないか」と言われるかもしれません。つまり、異動のチャンスをつかめます。

自分の強みを前面に出して、周囲の人に知っておいてもらうということは、会社員であっても、あるいはフリーランスや自営業で働いている人であっても、自分の「強み」を活かす「場所」を引き寄せ、チャンスを手に入れるためにはとても重要なことだと思います。

本当の「仕事」の意味とは

ここまで「キャリアフィット」の考え方、そしてそれが「強み×場所」という方程式によって成り立つ点を確認してきました。

そもそも人が何のために働くのかは、その人の自由だと思います。言ってしまえば「何のために働くでもいいじゃないか」と、僕は思っています。本来、働く理由なんて「生きていくためのお金を稼ぐため」くらいで十分なのではないでしょうか。

人は仕事に特別な意味を見いだして、あたかも運命として決められているかのような「天職」が、自分にもあるんじゃないかと思ってしまう。あるいは仕事によって自己実現を求めなければいけないという強迫観念にとらわれてしまう。

正直に言って、それは無駄な悩みではないかと思うのです。少し言葉悪くいえば、所詮は仕事でしかありません。私たちの人生には仕事以外の時間もたくさんあるわけですし、仕事に人生のすべてを求めても仕方がない。もちろん、そういう生き方もあると思いますが、万人がそれを行うことはとうてい無理だと思います。だから、仕事にやりがいを感じないからといって、自分を卑下する必要もないのです。

そもそも、やりたいことを見つけてそれを仕事にしている人が特別えらいわけでもないですし、たまたまその人にはそういう生き方が合っていただけだと思うのです。言ってしまえば、それもキャリアフィットのあり方の一つにすぎません。そこに上も下もありません。

とにかくスキルを上げたいという人と、年収を上げたい人、あるいはどれもほどほどでいい人と、さまざまなキャリアへの願望があるのと同時に、その数だけ、それに適した「場所」があるのではないかなと思います。

そういう意味で、「強み×場所」によってキャリアというものを発想していくキャリアフィットの考え方は、「仕事とはかくあるべき」「キャリアとはかくあるべき」という凝り固まった思考から離れて、もっと自由に自分の強みとそれに適したベストな場所を探すためのいちばんの近道ではないかと思うのです。

ルール③

「行きたい場所」よりも「結果を出せる場所」へ

「強み」と「場所」は掛け算の関係にある

「強み」の具体的な解説は、次の第3章で詳しく見ていきたいと思いますが、先述したように、多くの人が自分の強みばかり鍛えて伸ばすことに力を注ぐ割に、その強みを「どこ」で活かすのか、自分の強みが活きる「場所」について意識していないのではないかと思います。

もちろん、自分の強みを知り、それを伸ばすことは大切なのですが、人材のマーケットを含めて、自分の強みが活きる場所についてもきちんと把握しなければなりません。

強み と場所は掛け算の関係にあります。強みだけでなく、場所をもっと意識しなければ、その掛け算を最大化することは難しいでしょう。

マーケットとひとくちにいっても、突き詰めれば要は人から自分はどのように評価されているか、ということ。自分が評価され、さらに成果が出しやすい場所をいかに見つけるのかが重要です。それは他人の目線に立って、自分を客観的に知るということにもつながります。

場所への認識を高めるための第一歩は、まず自分の強みを知ることと同時に、他者から自分がどう見られているのか、その見え方を同じように理解することです。基本的にはこの二つが大事といえます。

成果を出しやすい場所を選べ

例えば、Excelを自由自在に使いこなせる人がいるとします。その人にとってExcelの関数などはお手のもので、意識せずとも普通に扱うことができます。

そうしたスキルが強みである人が、仮に外資金融系の会社やコンサルティング会社に入社して働くとなった場合、どうなるでしょう。Excelを駆使してマクロ計算したり、データを分析したりすることは、そのような会社の社員ならできて当たり前の世界です。Excelを自由自在に使いこなせることは、何の強みにもならないスキルになってしまうのです。

けれども、Excelのスキルが行き渡っていないような会社、まだExcelが得意という人が少ないか、ほとんどいないようなところへ行けばどうでしょう。意味合いはかなり変わってきます。

これからDX（デジタルトランスフォーメーション）化を推し進めようとしているところに、Excelを自由自在に使いこなせる人が経理として採用されたとします。一瞬でデータ集計をやれたら、「この人はすごいぞ！」という評価になるでしょう。誰でもExcelが使える外資金融系の会社とは、まったく違う評価をされたりするわけです。ですから、同じレベルのスキルであっても、どの場所に行くかで、それが自分の強みとして活きてくるかどうかは変わります。つまり、強みは場所次第で、それが強みにもなれば、そうでもなくなるわけで、それが「強み×場所」なのです。

場所の感覚がない人のやりがちなパターン①

場所の感覚がない人がやりがちな例として2つほど挙げてみます。

例えば、自分のキャリアを変えたいと思うときに、スキルだけに注目して、スキルそのものを磨こうとするパターンです。

「もっとExcelのスキルを上げなきゃいけない」

「もっと経験を積まなきゃいけない」

そんなふうに考えてしまい、いきなりビジネススクールなどに通って、Excelの資格検定みたいなものを受けるだけで終わってしまう場合です。

つまりこれは、「自分の強みを活かせる場所はどこなのか」という視点が抜けてしまったパターンだと言えます。

場所の感覚がない人のやりがちなパターン②

スキルアップだけを考えてしまうという意味では、「Excelだけだとたいしたスキルじゃないな」と自分で勝手に決めつけて判断し、焦って別のスキルも身につけようとしてしまうパターンもあります。

そのために、プログラミングスクールやデザインスクール、ライター養成所などに通って、未経験でプログラマーやデザイナー、ライターになろうと考えてしまう場合も多いのではないでしょうか。これも、場所に対する視点を持てずに、自分の強みをレベルアップさせることばかりに注視してしまうパターンだと思います。

その結果、クラウドソーシングで、1文字0・1〜0・5円くらいの単価の記事を書く世界に入っていってしまい、本当にそれが自分の強みを活かした働き方・キャリアなのか分からなくなってしまいます。

「スキルを身につける」だけでいいのか？

これらのパターンに共通する、場所の感覚がない人の大きな勘違いは、スキルを身につけたりして自分の強みのレベルが上がれば、年収も上がり、自分が行きたいポジションに進むことができると単純に考えているところです。強みを高めることができれば、自分にフィットするキャリアを歩めるのだと思っているのかもしれません。

しかし、会社員の人はよくご存じだと思うのですが、Excel のスキルが上がっても、普通、給料は上がりません。また、Excel がうまくて経理ができる人が、いきなりプログラミングスクールに通い出して、ちょっとプログラムが書けるようになっても、おそらく年収は増えません。結局、それは「少しプログラムが書ける経理の人」でしかないのです。

ですから、安易に「強みを鍛えればいい」「能力を伸ばしてスキルを身につければいい」と考えるよりも、今持っている自分の強みがどんなものであり、それがそのまま活きる場所はどこなのかを考えることのほうが、ある意味で楽に仕事ができるのではないかと思うのです。仕事が楽にこなせる、自然に行うことができるということは、「適職」の重要な条件の一つですし、キャリアフィットの根幹ともいえます。言い換えるならば、自分の「得意」を武器にして、自分が成果を出しやすい場所を率先して選んでいくことが、キャリアフィットな生き方といえるかもしれません。

「自己認識」と「他者認識」にはズレがある

「場所」に関していえば、自己認識と他者からの認識は多くの場合、ズレていることが多いものです。より正確に言い換えると、自己認識と他者からの認識がズレたかたちで、自分を評価している人が多いのではないでしょうか。僕の感覚でいえば、自己認識が優位になっている人が基本的に多いような気がします。

先述のように、「場所」というのは他者からの評価と直結するものです。他者からの評価が高い場所に行けば、自分の強みも活かせる、あるいは活かすチャンスが多いということになります。しかし、多くの人が、前者の「強み」ばかりを意識してしまって、他者からの評価が交差する「場所」については軽んじてしまっているのではないかと思います。

「自分の強みって何だろう」と問う人は多いと思います。自分に何ができるだろうと考える反面、その強みやできることをどこで活かすのか、どう活かすのかを必死に考えている人は、とても少ないような気がするのです。

その結果、ずっと報われない場所に止まって、自分の「強み」が足りないからだと無駄に卑下してしまったり、自分の「強み」とは何かを理解しただけで満足して「場所」への感覚がおざなりになってしまったりするのではないでしょうか。

場所への感覚・認知を高める

僕はDeNAに勤めているとき、新卒採用を担当していたことがありました。面接の最後で、DeNAのような事業会社に行くのか、コンサルティングファームに行くのか、迷っている学生がかなりいたのを覚えています。そういう学生は将来、自分で起業したいという希望を持っている人ばかりです。DeNAの創業者である南場智子さんはもともとマッキンゼー日本支社のパートナー（役員）を務めた経験のある方でしたから、「最後に南場さんに相談してみたら」とアドバイスして、実際に話してもらったことがありました。ところが、「起業するうえでコンサルファームに行っていてよかったことはありますか。役に立ったことは何ですか」との学生からの質問に対して、南場さんは「一つもない」と答えていました。

「コンサルファームというのは、ゴルフに例えるならばタイガー・ウッズのコーチを養成する人を育てる機関だから。そんなところに行ってもタイガー・ウッズになれるわけがない。ウッズ＝プレイヤーになりたいなら、ひたすら素振りして、ひたすらボールを打つしかない」

そんなふうに南場さんが学生に応じていたことを、今でもよく覚えています。しかし、それでも結局、コンサルファームに行ってしまう学生はいました。もちろん、その人が何か自分で事業を起こしたりすることが目標なのではなく、あくまでもコンサルタントになりたいという意志や目標を持っているならば、当然、コンサルファームに行くことも、自分のキャリアに合った選択肢の一つだと思います。

けれども、本当は起業したいにもかかわらず、コンサルファームに行くという選択をした人の中には、もしかしたら、自分の強みを活かせる「場所」に対する認知度が低いためにそうした選択をした人もいるのかもしれません。結局、ツブシが利きそうとか、得られる肩書に踊らされてしまい、「場所」への認識がおざなりになってしまうわけです。

極端にいえば、どこでも通用する強みなんてものは、現実的に考えてあり得ません。強みの強度というのも当然あります。例えば、世界中の営業マンを営業力のある順にランキングを付けなさいといえば、強さにも順位がつきます。世界1位もいれば、1000位もいることでしょう。しかし、だからといって1000位だからだめなのかと問われればそうではないと思うのです。1000位の人でも自分の強みを活かせる会社や部署、職場にいれば大活躍している……なんてことは当然あります。

ですからあくまでも、特定の領域の中で必ず1位を取らなければいけないとか、トップ10%に入っていなければだめだというわけではないのです。同じ強みを持った人同士のランキングで上位に行くことは、キャリアフィットの思考が求める戦い方ではありません。

営業力が日本で1位から5位までが揃っている会社に、10位の人が入ったとしても、戦力にはならないでしょうが、営業力80位台の人しかいない会社に入ったとしたら、もう神様みたいな扱いになるかもしれません。

あるいは僕自身、自分の強みを活かす場所の大切さを意識的に考えたのは高校生の頃にやっていた陸上部がきっかけでした。詳しくは第5章で少し自分のキャリアに関する体験をまとめたので、参考にしていただけたらと思いますが、僕は高校の陸上部で短距離走（100メートル）の選手でした。群馬県の高校に通っていましたが、当時は100メートルを10秒台後半で走ることができました。群馬県で10秒台後半だと、決勝戦には残れるけれども優勝できるかどうかはちょっと分からないくらいのレベルです。関東大会となると、もっと強豪がいますから、10秒台中盤のタイムを出したとしてもやっと勝負ができるくらいです。

しかし、これが当時の山梨県だとすれば、10秒台中盤で県の記録が出るような水準になります。ですから、同じ能力であっても、どの場所で勝負するかで、レコードホルダーになれるか、予選敗退かが決まってしまうわけです。

これも、いかにどこで戦うかという、場所に対する認知があるかないかで、成績や結果はまったく変わってきてしまう、一つの例といえるかもしれません。

「行きたい場所」が必ずしも良いとは限らない

「場所」選びのポイントとして、必ずしも自分が行きたいと思っているところが、その人にとって最適な場所だとは限らないという点も挙げられます。第1章でも、「好きなこと」と「得意なこと」は違うと述べましたが、場所についても同じことがいえます。その人の強みを活かして得意なことで勝負できるようなところこそ、すぐに成果を出すことができ、無理なく働くことができるのではないでしょうか。好きなこと＝やりたいことを優先した結果、苦しい思いをするのならば、なるべくすぐに結果が出る場所を選んでいくことも一つの知恵だと思います。

僕の友人に、アルバイトの求人サイトの営業をやっていた人がいました。彼はその営業では成績もトップで、誰の目から見ても、圧倒的に対人関係の関係構築力の高い人でした。それが自分の強みだとも彼自身も認めていました。

彼の対人関係力を表す、こんなエピソードがあります。渋谷で飲んだ後、渋谷駅のスクランブル交差点で彼と一緒に信号待ちをしていたことがありました。並んで信号待ちをする彼に話しかけようとしたら、ほんのちょっと目を離した隙に、彼の姿がありませんでした。どうしたのかなと周囲を見回すと、少し離れたところで女の子に声をかけていて、どうやらナンパしているようです。すごいのはその場で女の子と意気投合して、「今から飲みにいくことになったから、俺はここで帰るね」と渋谷の街に消えて行きました。信号待ちのほんのわずかな間に、あんなに簡単に人と距離を詰めて仲良くなれるのです。しかもそれが10回あったら、そのうち9回は成功するような人でした。

一瞬で関係構築する彼の能力は、日本に限らず、どんなところでも通用していたようです。彼は、アフリカのタンザニアに旅行に行ったらしいのですが、現地の言語はまったく分からないので、当然、言葉が一切通じないわけです。にもかかわらず、ある村に滞在していて、日本に帰る日になったら、彼のために送別のお祭りを村人たちが開いてくれた、なんてこともあったそうです。それくらい、対人関係については強い人で、だからこそ彼は営業職でトップの成績を取り続けることができたのだと思います。

その意味では、営業職は彼にとって「適職」だったのだと思います。自分の強みを無理せず自然に活かせるような場所だったのでしょう。

けれども、彼はどうも営業という仕事を過小評価してしまったのです。自分で商品や企画を考えたりすることのほうが、営業よりもっと高尚な仕事だと勘違いしてしまった。そこで、営業以外の仕事をやりたいと思い、チャレンジして違う仕事に転職したのですが、結果は全然振るわないままでした。きっと大手保険会社のプルデンシャルとか、自分の営業力を活かして働ける場所を選んでいれば、もしかしたら億単位の収入を得ていた可能性もあったと思います。けれども、彼は自分が得意な仕事よりも、やりたい仕事・好きな仕事を優先したため、こういった結果となったのです。

そもそもなぜ、彼が営業職を下に見てしまったのか。もっと上位レイヤーの仕事があると考えてしまったのか。まず彼の場合は、対人関係の構築力が高すぎて、営業の中に彼よりも高い能力を持っている人間がいないような状態だったからなのかもしれません。自分が常にトップのような状況で、企画や新規事業などをやっている人間など、他の部署の人間と仲良くなってくると、「隣の芝生は青い」ではないですが、営業とは別の仕事に憧れを持ってしまったという点もあるだろうと思います。

また、営業職というと、なんだかんだ言って若手がやる仕事だというイメージがあります。最初に営業に配属されて、だんだんと芽が出てきた人から、次に企画、新規事業やマーケティングのような仕事に移っていくものではないか。それこそ、キャリアアップしているのではないかと思ってしまったところもあったのだと思います。彼自身、世間的な見栄えを気にするタイプでしたから、社会や世間でイメージされるキャリアのかたちに方向づけられて、その雰囲気に抗《あらが》えなかったのかもしれません。

彼は結局、キャリアアップを目指した結果、自分が本当に生きる場所を間違えてしまった。彼に適したキャリアフィットのあり方からすれば、その場所選びではなかったということになるでしょう。

もちろん、周囲の人間は僕も含めて、みんな彼が営業職を辞めて、別の仕事に就くことを止めました。「プルデンシャルみたいなところへ行けば、誰よりも稼げる」と。しかしそうした周囲の制止も振り切って、自分の「やりたいこと」を優先した結果、たいした成果を出せないまま、今ではもうほとんどキャリアに関しては諦めてしまっています。「会社が俺のことを認めてくれない」と愚痴ばかり言うようになってしまいました。

彼のように、場所と自分の強みのミスマッチが起きた結果、本当に自分の強みを活かせる選択ができなかった人は、他にもたくさんいるのではないでしょうか。

「自分の強み」を活かせる場所へ

ちなみにその営業成績トップだった彼の場合、自分の強みについては非常に自覚的でした。それはスキルとしてきちんと身についていましたし、営業職ならどこへ行ってもトップクラスだったことでしょう。しかし、その強みを活かせる場所という発想が彼にはなかった。その力をもっと違う仕事で活かしても、トップになれるんじゃないかと勘違いしてしまったのだと思います。

企画や新規事業の仕事は、営業とはまた異なる論理的思考や戦略的思考、分析の仕方が求められるところです。彼の本来の強みである営業とは別の世界に入ったとして、それなりの仕事もできたのかもしれませんが、そこにはその違う強みにおいて、相対的にもっとできる人たちがいたわけです。ただやりたいという人と、それが得意だという人が競争するならば、やはり後者のほうが有利なのは確かでしょう。得意な人にとってはそれほど意識せずともこなせてしまう仕事も、ただやりたいという人からすればかなりの重労働である場合もしばしばです。得意ではない分野でその能力を伸ばすのはやはり限界があるでしょうから、いずれにしろ、彼が活躍することは難しくなってしまうのです。

もちろん、この仕事をやってみたいとか、この場所に行きたいと思うことは、いいことだと思います。どうしても行きたいから行くことはまったく悪いことだと言うつもりはないのですが、それによって失う選択もありますし、やりたいと思った仕事に就いてみて、それが自分に向いておらず、苦しい思いをするというリスクもあることは自覚したうえで、選択すべきだとも思います。

ただ「やりたい」という気持ちが勝って勢いだけで行くのか、そうしたリスクがあることも知ったうえで行くのかで、その後の振る舞いもかなり変わるはずです。また、自分が自覚している強みをきちんと理解していれば、違う場所に移ったときにどうやってその強みを発揮することができるか、一生懸命考えるようにもなるでしょう。

ですから、場所を選ぶときは、ただ「行きたい」「やりたい」という漠然としたイメージだけでなく、自分の強みが何かを理解し、かつその強みの適した場所なのか、そうではない場所なのか、もっと解像度を上げて、考える必要があると思います。

ルール④

「カルチャーの合う場所」を選ぶ

「場所＝会社」という思い込みを捨てる

先述したように、場所の選び方については、その人が自分のキャリアに何を求めているかに応じて、何を優先するかは人それぞれです。

例えば、自分は営業が得意という人がいるとします。もっともっと営業力を高めていきたいから、営業が強い会社に行って切磋琢磨《せっさたくま》したいという選択の仕方ももちろんあるだろうと思います。転職した先では自分のレベルは下になってしまうかもしれないけれども、周りが強いところに行き、自分の能力をどんどん伸ばしたいという人も当然いるでしょう。

自分のキャリアに対して何を求めているかで、場所の選び方も当然変わってきます。自分のレベルを努力して上げるというのはなかなか難しいと思う人の場合、例えば営業の強い会社よりも営業の弱い会社に移ったほうが、今の自分の強みを活かせると思いますし、そのほうが確実で早く結果が得られる選択になるわけです。

ここでは「転職」を例にしましたが、場所は何も会社だけを意味するのではありません。転職して勤め先を変えるだけでなく、「同じ社内で部署を変える」とか、「上司や仕事におけるチームを変える」というレベルであっても、同じことが言えるのではないかと思うのです。

思い切っていきなり転職してみても、自分の目的に適う場所ではなかったりした場合、結局、不満が解消されなかった、なんていうこともあるでしょう。厚生労働省による調査（2020年）では、転職した人のうち、全体の11・4％は転職に不満を持っていることが報告されています。10人に1人は転職を後悔しているというわけですが、実態としては、転職で不満を解消されなかった人はもっと多いのではないかとも思います。

ですから、たとえ今の仕事に不満があるからといって、次の選択を転職だけに狭めてしまうのは、それはそれでリスクが伴うともいえるでしょう。

いきなり転職を考えずとも、社内で異動を希望したり、あるいは一緒に働く人を変えたり、職場での働き方を少し工夫してみるだけでもよいのではないでしょうか。つまり、「強み×場所」という方程式における「場所」とは、何も「会社」そのものだけを指すのではないということです。

キャリアフィットの発想としては、もちろん転職も選択肢の一つではあります。しかし、転職は選択肢の一つに過ぎません。また、転職を希望する人のうち8割強が、1年後も転職をしないままだったという調査報告もあります。キャリアアップを前提とした転職にはさまざまな思い込みもあるせいか、転職それ自体に躊躇《ちゅうちょ》してしまう人もいるのでしょう。

なかには、「転職回数が多いと転職は難しくなる」なんていうことを心配している人もいるかもしれません。しかし、採用を担当したことがある人間としては、むしろ一つの会社で一つの職種しかやってこなかった人間が、40歳を過ぎていきなり別の職種に転職するほうが、「この人、新しい職場で、この年齢で新しいことを覚えなければいけないのに、本当にやっていけるのかな」と心配になってしまいます。

いずれにせよ、転職にリスクがあることは確かです。だからこそ、転職という選択肢だけに限るのではなく、今勤めている会社を辞めずとも、社内で「異動」を考えてみるのも一つだと思います。あるいは職場の中で何か別のプロジェクトがあるようでしたら、率先して飛び込んでみるとか、働くチームを替えてみるなど働き方を変えてみると、自分の「得意」に適した場所を見つけることができるかもしれません。あるいは、今の仕事はそのままで、「副業」を始めてみるのもよいかもしれません。あくまでも、転職は数ある選択肢の一つだと考えるくらいがちょうどよいのです。

転職でも異動でも「最初の1~2カ月」が勝負!

第1章では、キャリアフィットの考え方として、「天職」よりも「適職」を見つけることが重要であるとお話ししました。今の職場に不満があり、あるいは別の仕事をしてみたいと考えているならば、当然、転職が視野に入ってきていると思います。しかし、先ほども述べたように、よく自分の強みを理解せずに、ただ「やってみたいから」とか「好きだから」、「キャリアアップしないとだめだから」というような漠然とした考えで突き進むと、どうしても後悔する転職になってしまうと思います。

転職した先が自分の強みに適した、すぐにでも成果を出せるようなところならよいのですが、自分の強みからはずれたようなところだとそうはいきません。すぐに成果が出ず、1カ月、2カ月と月日が流れるごとに、また焦りや不安を感じたりするようになるかもしれません。その結果、やっぱりこの職場は合わないかもと思ったり、転職は失敗だったと考えてしまいがちです。

転職後、入社して1カ月や2カ月は、周囲からの注目が集まりやすい期間です。注目される「新人」というポジションの間に結果を出すことで、周囲へのアピール効果は2倍にも3倍にも高められるでしょう。しかし、それは反対の評価にも当てはまります。注目されている最初の1~2カ月で成果を出すことができなければ、「今度、転職してきた人はあまり仕事ができないんだな」という先入観を持たれてしまいます。最初にマイナスの評価をされて、そこから挽回するのは相当な努力が必要になるでしょう。

無事に挽回できればよいのですが、そのままもがいているだけでまたひと月、ふた月と経ってしまえば、やがて「この転職は失敗だったかも」と負のスパイラルに陥ってしまうのは目に見えています。

ですから、本章の最初でも述べたように、成果や結果を出しやすい場所を選んで移ることが大事なのです。それは転職でも異動でも変わりません。

まずは「転職よりも異動」のススメ

ただ、強いて言うならば、僕自身は、違う仕事をしたいから場所を変えたいと思ったとしても、いきなり転職という「大きな場所の移行」を選ぶのではなく、今勤めている会社で、部署の異動を願い出るほうが、むしろ効率よく、自分の「強み」を試したり、自分の適した場所を確認したりすることができるのではないかと思っています。

転職には当然、応募先の企業の情報を調べたり、実際に応募・面接など手間のかかることをしなければなりませんし、本当に転職した先が、自分にとって良い場所かどうかもやはり最後は行ってみないと分からないところがあります。しかし、それが異動ならば、同じ社内のことですから、異動先がどんな雰囲気かもある程度、事前に知ることができるでしょう。また、営業から企画だったり、マーケティングだったりと、違う職種を希望する際にも、同じ未経験ならば転職より断然ハードルは低いといえます。これは日本企業の特徴でもありますが、転職の場合だと未経験者は採用しないのに、社内の異動であれば、たとえ営業が未経験な人でも営業部に配属したりするのです。

新卒で入社してずっと経理の仕事をしていたけれども、気づけば40歳を過ぎてしまって焦っているなんていう人も、いきなり転職を選ばずとも社内で異動を申し出て、今までとは違う「場所」に移ればよいのではないでしょうか。その中で、自分の強みに適した場所を探してみるというのもよいと思います。

いきなり転職したり、あるいは新たな強みを持たなければと、いきなりプログラミングスクールなんかに通い始めたりしても、やはりほとんど意味がないのではと思います。いわゆる「意識高い系」のビジネスパーソンが観るようなサイトや動画の情報を真に受けて、自分には本来合っていないようなスキルアップ方法に手を出したりしてしまう人もいるかもしれません（もちろん、そういうサイトや記事は、観る人が観れば有益なものもあると思います）。しかし、1・01に1・01をいくら掛けてもほぼ1と変わりないように、そんなことをしてもおそらく自分の「強み」は大きくならないのではと思います。

それよりも、別の職種を経験する機会が社内の部署異動によって得られるならば、使わない手はありません。別の仕事をしてみたい、あるいは自分の強みは営業だけでなくて、新規事業でも活かせるかもしれないというように、別の「適職」を見いだせる場所にそこまでハードル高くなく移ることができるわけですから、ぜひ活用したいところです。

その場所の「カルチャー」を見極める

また自分に適した場所を選ぶ際に注意したいのが、その職場の「カルチャー」を見極めることだと思います。たとえ自分に仕事をこなすスキルがあったとしても、その場所の「カルチャー」が自分の特性と合っていなければ、仕事もやりづらくなってしまうでしょう。個々の同僚はみんな気が合う人ばかりでも、職場全体のカルチャーが合わないとつらいものです。

他の会社に転職をする場合でも、あるいは社内で他の部署へ異動する場合でも、その場所の「カルチャー」に抵抗を感じる場合は、成果も出しづらくなるでしょうから、避けるべきだと思います。

例えば、ある会社の営業部に転職、あるいは異動したとします。その営業部は足を使って、とにかく企業訪問して人とコミュニケーションを取り、たくさん人と話して営業する、体育会系的な方針だったとします。いわば、これがその会社の営業部の「カルチャー」になるわけです。

けれども、その営業部に転職した人は、あまり対人関係を構築する力はなく、むしろ営業のプロセスを構造化して、効率的な戦略を立てて、営業していくタイプだったらどうでしょう。彼の強みはまったく活きなくなってしまいます。営業として売る実力がないわけではないのに、「とにかく足で稼げ!」というカルチャーが支配的である場所のため、満足な成果を上げることができなくなってしまうのです。

逆に対人能力、コミュニケーション能力が高く、人当たりもよい人間なら、この営業部のカルチャーには適しているといえるでしょう。

職種や業種、働く同僚との関係だけでなく、その場所特有の「カルチャー」が自分の特性や能力に適しているか、しっかりと見極めることも重要です。こうしたカルチャーは、もしかしたら転職では就職前にはなかなか分かりづらいかもしれません。しかし、社内の部署異動であれば、あらかじめ同僚に話を聞いてみたり、部署異動しないまでも違う部署の仕事を手伝ってみたりすれば、何となく雰囲気が分かるものです。そういう意味でも、まずは転職よりも社内の異動を視野に入れて、自分が行きたい場所を考えてみるとよいでしょう。

自分に適した場所を見つけるための自己チェック

ここまでは、僕たちのキャリアというものを考えたときに、いかに「場所」が重要か。にもかかわらず、その「場所」への認識が疎《おろそ》かになっている。そういった点を指摘しながら、いかに場所を選ぶかについて解説してきました。

場所はあくまでも、自分の強みに適したところを選ぶべきだと思いますが、自分にどんな場所が適しているかは、自分の強みを理解するだけではなかなか理解することが難しいかもしれません。「場所」には、当然ながら自分だけではなく、自分とは異なる他者がいるからです。他人からどう見られ、どう評価されているのか、きちんと客観視できていなければ、場所の評価もできないといってもいいでしょう。

本節の最後に、自分に適した場所を見つけるための自己診断のヒントとなる質問項目を思いつく限り挙げてみました。

一つは、これまで自分が経験した場所について振り返りながら、自分がどんな場所だったら力を発揮できたのか、より細かく、具体的に振り返ってみることです。自分の成果を出しやすい環境がどんなところか、より解像度を上げて理解することがねらいとなります。

もう一つは、自分が今現在働いている職場や環境も含めた「場所」についてどんな考えを持っているか、あるいは場所にどんなことを求めているのか、より具体的に意識することです。場所に対する自分の考えを整理すれば、そもそも自分がどんな場所を求めているのか、より客観視して理解することができます。

ここに挙げた質問項目を一つひとつ自問自答しながら、実際にノートに書いてみてください。頭の中で考えるのもよいですが、できるならばそれを目で見て振り返ることができるように、実際に書いてみるのがよいでしょう。言葉にすることで、漠然と思っていたことがより明確となり、より自分に適した場所が見えてくるのではないかと思います。

自分に合った「場所」を見つけるための自己チェック項目

過去の経験を振り返る

- [ ] 今までいちばん力を発揮できていたなと思う職場（A）を挙げてください。
そこにはどんな特徴がありますか?
- [ ] Aのときはどんな仕事をしていましたか?
- [ ] Aのとき、チームは何人でしたか?
- [ ] Aのとき、同僚や上司はどんな人でしたか?
具体的なエピソードと一緒に挙げてみてください
- [ ] Aのとき、どんな組織文化でしたか?
特徴的なエピソードと一緒に考えてみてください
- [ ] Aのとき、会社はどんなステージの会社でしたか?
（例：立ち上げ初期など）
- [ ] Aのとき、なぜ自分は力が発揮できていたと思いますか?

「場所＝職場」に対する自分の考えを整理する

- [ ] あなたがそこまで苦労せずにできる仕事をしただけで、
貴重な存在になりそうなのはどんな職場だと思いますか?
- [ ] 逆にあなたが力を100%発揮しても、
評価されなさそうな職場はどんなところだと思いますか?
- [ ] 今の職場や仕事で、自分の得意なことを
発揮できるとしたら、どんなことがありますか?
- [ ] 今の職場や仕事で、自分の得意なことを
活かすとしたら、どんな仕事の仕方があると思いますか?
- [ ] 今の職場や仕事で、もっとこうやったらいいのに、
私ならこうやるのにと思うことはありますか?
どんなことですか?

「場所＝職場」に対する自分の考えを整理する

- □ 逆にどんな制約があると力を発揮できないと思いますか？
- □ ルールが朝令暮改で変わることはどう思いますか？
まったく気になりませんか？ 楽しく感じますか？
むしろストレスになりますか？
- □ 自分の実力以上のことを任されることをどう感じますか？
- □ 逆に安定しているけど、
同じ仕事を繰り返すとしたら、どう感じますか？
- □ 大枠だけ指示されて、あとは自分でやり方から
考えてやる仕事をどう思いますか？
- □ しっかりと上司からやることを指示されてやる仕事を
どう思いますか？
- □ やり方が決まっており、そのとおりやることを重視される
仕事をどう思いますか？
- □ 日々小さくても自分で業務を改善していい職場は
どう思いますか？
- □ 小さなことでもやり方を変えるには、上司や同僚と
調整や相談しながらやる職場をどう感じますか？
- □ やりたいことをやれることが大事ですか？
それとも得意なことをやることのほうが大事ですか？
- □ 人間関係で波風を立てないことは大事ですか？
それとも異なる意見を戦わせながらも
正解を求めることのほうが大事ですか？
- □ どんどん新しいことにチャレンジしたいですか？
それよりも安定して同じことをやりたいですか？

ルール⑤

引き寄せたい仕事の解像度を上げる

「活躍できる場所」を引き寄せる方法

さて前節までは、いかに「場所」を選ぶか、自分から「場所」のほうへ向かう際に気をつけるべきことをいくつか述べてきました。

第1章でもお話ししましたが、場所については自分から選択していくだけでなく、場所の側から自分のほうへと来てもらう、つまり、「場所を引き寄せる」方法もあります。

例えば社内での異動の場合、これまで営業だった人が新規事業をやっている部署に移りたいと考えます。とはいえ、なかなか部署の異動の希望が通らないこともあるでしょう。ここで、いかに新規事業の部署のほうから自分に「来てもらいたい」と言ってくるようにするかが、「場所を引き寄せる」ということになります。

日本社会は今、どの職場でも働く人材が足りないという問題に直面しています。先の例でいえば、新規事業の部署に行きたい場合、「無償でいいから雑務を手伝います」と申し出て、無理やりその部署の仕事を始めてしまうというのもいいかもしれません。もちろん、その代わりに自分が所属している部署の上司にも「自分の仕事もきちんとやるので、新規事業の仕事も手伝ってきます」と、きちんと許可を取って筋を通さなくてはなりません。

雑務をこなしているうちに新規事業の仕事が降ってきますから、部署を異動せずとも働き方を変えて、別の職種を経験することができます。そこで本当に自分は新規事業をやりたいのか、その仕事が自分に適しているのかを判断することができるでしょう。

転職時、注目度の高い最初の1〜2カ月に成果を出すという話をしましたが、これは異動においても同様だと思います。社内でのプレゼンスを上げることで「あの人、仕事できるなあ。今度、新しいプロジェクトに参加してもらおうかな」と人に判断してもらえるようになります。これは言い換えれば、場所を引き寄せるチャンスや機会を増やす方法でもあるのです。会社員のままでもできることはたくさんあるだろうと思います。

また、近年では転職や異動という選択肢のほかに、副業したいと考える人も多いのではないかと思います。あるいはどの会社にも所属せずに、フリーランスなど独立して仕事をしたいという人もいるでしょう。副業や独立は、社内とは違った尺度で評価されますので、どうしても参入しようとすると、どうやって仕事を取るのか、集客をどうするかという問題がいちばんの悩みとなってしまうのではないでしょうか。

仕事がなかなか取れず、何をしていいか分からないという人の多くは、「どうやって仕事を取ってくるか」という発想だけで考えているように思います。そこで盲点となっているのは、「いかに仕事のほうからやってくるようにするか」という視点です。つまり、仕事を引き寄せるにはどうすればよいかということです。

要は向こうからチャンスが降ってくるためには、自分はどう動けばよいのかを考えることが、場所＝仕事を引き寄せる方法、ということになるでしょう。

場所＝仕事を引き寄せる方法としては、先ほども述べたように、会社員でも社内で、自分が希望する部署＝希望する場所へ、通常の業務とは関係ない雑用でもよいから、少しずつ近づいていくことも重要です。それによって、思わぬところからチャンスが降ってくることがあります。自分の希望する場所に行ったり、あるいは得意な仕事を活かせるような場所に行ったりすれば、それだけ自分に対するプレゼンスを高めることもできるわけですから、それもまた引き寄せの一つの方法だともいえます。

場所のほうから声をかけてもらうためにどうすればいいいか。向こうから声がかかる機会を増やすにはどうしたらいいか。どうしてもキャリアアップ的な発想が前提となってしまうと、自分から能動的に動いて、チャンスを自分からつかみとっていくようなイメージで行動しがちです。そこに欠けているのは、「場所の側から来てもらう感覚」「場所を引き寄せる感覚」です。

その意味では、場所を引き寄せるということは、部署の異動によって場所を変えやすい会社員のほうが、実は意味を持つ力なのかもしれません。

引き寄せたい仕事の解像度を上げる方法①
欲求を具体化する

転職にしろ、異動にしろ、あるいは副業・独立にしろ、そもそも自分が行きたい場所＝仕事が具体的にどんなものか明確でなければ、どう引き寄せればよいのかも分からないでしょう。漠然と「転職したい」「異動したい」「副業・独立したい」と考えている人が多いのかもしれません。

大事なのは「転職をしてどうしたいのか」「異動してどうしたいのか」「副業・独立してどうしたいのか」を明確に言葉にすることです。「スキルを上げたい」とか「給料を上げたい」というレベルでもまだ具体的ではありません。もっと解像度を上げて、自分の欲求を表現してみましょう。ここで変にカッコつけたり、高望みし過ぎたりしても意味がありません。自分の気持ちに素直に、より具体的な言葉に落とし込むことが重要です。

「副業して、あと月に3万円多く稼ぎたい」とか、「プロジェクトリーダーをやりたい」「新規事業の部署に行きたい」とか、その生々しい欲求を言葉にしてみましょう。

「引き寄せる」という言葉は、よく自己啓発書でも用いられるような言い方ですが、多くの場合、どうも漠然とした使い方が多いような気がします。例えば、「毎日、笑顔な人は、よい運を引き寄せます」というようなフレーズが典型です。けれども実際には、毎日ただ笑顔でいても、仕事ができない人には仕事は振られません。そのような漠然とした行動では、場所を引き寄せることはできないと思います。

先述したように「副業して、あと月に3万円多く稼ぎたい」という人は、副業を通じて「3万円」を引き寄せたいわけです。そうであるなら、どうやって月に3万円、副業で稼ぐことができるか、戦略を立てることができます。具体的に動くことができるわけです。

場所を引き寄せるための戦略を立てる前に、まずは引き寄せる場所について具体的に「そこを引き寄せて何がしたいのか」と考えること。欲求に素直になって、言葉にしてみることをお勧めします。

引き寄せたい仕事の解像度を上げる方法②
戦略を立てる

「副業して、あと月に3万円多く稼ぎたい」という具体化した欲求を目標として立てたならば、次はどうやってその3万円を稼ぐのか、戦略を立てることです。これが月に5万円や10万円だとしたら、戦略も変わってきます。

3万円でよいとすれば、少しずつ1日1000円稼ぎを出して30日間で3万円にするという方法もあれば、3万円出してくれる人を月に1人だけ探すという方法もあります。

このように目標が決まったならば、具体的な戦略を考えてみましょう。1日1000円稼げる仕事なのか、1案件で3万円稼げる仕事なのか戦略を立てれば、引き寄せなければならない仕事がどんなものか具体的に見えてくるようになります。これが引き寄せたい仕事の解像度を上げるということなのです。

仮に毎日副業をするのはしんどいと思うならば、1案件で3万円を稼ぐという戦略を立てるとしましょう。月に3万円出してくれる顧客を1人見つければよいわけです。

あるいはそういう会社を1つ見つければいい。毎月同じ人や会社でもよいし、違う人・会社でもいい。とにかく月に3万円を出してくれる人や会社がいる状況さえつくれれば、「副業して、あと月に3万円多く稼ぎたい」は達成できるわけです。そういう意味では、この副業はニーズがニッチなものであっても構わないということになります。

例えば、その人はPCを扱うのが得意で、office系のソフトがひと通りできるというスキルを持っていたとします。パワーポイントをうまくまとめることができるのが、その人の強みです。本業のデザイナーでなくても、会社員ならパワーポイントに触れることは多いでしょうし、仕事のプレゼン資料をつくることは日常的にやっている仕事のひとつだと思います。情報をきれいにまとめて、「プレゼン資料をつくることが得意である」というのも立派な強みなのです。

この強みを活かして、1案件3万円の副業を成立させるならば、「大事な営業のプレゼンがあるのに、スライド資料も十分にまとめられずに困っている人」を探して、代わりに資料づくりを3万円で引き受ける、というのはどうでしょう。これなら月に1人くらいは困っている人がいるような気もします。インターネットやSNSでそういう人がいないか探したり、募集したりすることもできますから、比較的簡単に探し出すことができるのではないでしょうか。

月に3万円でよいならば、狭いけれども確実にありそうなニーズを攻めていくところが、またひとつのポイントになります。これもまさに戦略の一つです。

このように具体的に自分は何を欲しているのかを明確化すれば、それを達成するための具体的な戦略を立てやすくなります。それが具体的である分だけ、自分の強みをどのように活かすのかも変わってくるでしょう。具体的な行動も決まってきます。それゆえに解像度を上げて思考することが大事なのです。

ここでは副業を例にしましたが、本業の場合も基本的には変わりありません。漠然と「社内で評価されないな」とか「給料上がらないな」と思っているだけでは社内の評価は上がらないし、給料も上がりません。解像度の低い状態では、自分が何をすればいいか、その指針も決まりませんから、やはりもっと具体的に「評価される」というのはどういう状態なのか、給料を上げたいなら具体的にどれくらい給料がアップすればいいのか、もっと生々しく自分の欲求を言葉にして、そのための戦略を立てていくべきです。

仮に給料を上げたいのなら、当然、その会社の給与体系という制度やルールを知っておかなければなりません。また会社それぞれで違うかもしれませんが、往々にして給料が上がりやすい部署と、上がりにくい部署もあると思います。業績がよい花形の部署であればあるほど給料は上がりやすく、そうでない部署ほど給料は上がりにくいというのが典型でしょう。そうであるならば、たとえ同じ実力のある人でも、所属する部署によって給料の上がりやすさが異なるわけですから、重要なのはその人がどこに所属しているのか、すなわち場所だということになります。ですから、いかにその花形の部署に異動するかが重要になってくるわけです。

方法論!

「活躍できる場所」を引き寄せる方法

自分の強みを周囲にアピールする

自分が望んでいる場所を引き寄せるためには、今いる場所できちんと成果を出すということも大切です。ここでは社内の異動を例としますが、まず自分が行きたい別の部署から引き寄せてもらうためには、そもそも自分が社内でそれなりに存在が知られていることが大前提となります。

上司や周囲から一目置かれているような存在であれば、何かあったときに顔を思い出してもらえるようになるかもしれません。

「新規事業の部署に一人異動させたいと思うけれども、君の部署で誰かいい人いないか？」と人事担当と上司が話しているときに、「あの人なら行けるかもな」と思われるような存在であることが大事です。

これが逆に、人事担当から「あの人どうかな」と聞かれて「ああ、あいつはまだ無理かな」と言われるような人間だったら、その時点で異動の芽はなくなってしまいます。つまり、日頃からどれだけ成果を出しているかで、場所を引き寄せられるかどうかも決まってしまうのです。

ですから、人事担当者や上司から名前が挙がるような存在になることは、実は場所を引き寄せる近道なのだと心得るとよいでしょう。当然、そのためには目の前の仕事にちゃんと打ち込み、その結果、成果を出すということが、最も分かりやすい手段の一つだと思います。場所を変えたいというときに転職活動だったり、スキルアップのために何か別のことをしてみたりと、つい、あちこちに目が行きやすいと思いますが、それは実は遠回りなのです。むしろ、目移りせず、今、担当している仕事に一生懸命力を注ぐことが、場所を引き寄せるための近道になっているということを意識してみてください。

例えば、働いている部署の中で、誰もが面倒で大変だと思っているプロジェクトに率先して手を挙げて、自分から進んで担当してみるというのはどうでしょう。そうした積極性が評価されて、上司や周囲から一目置かれるようになるかもしれません。

あるいは、自分の強み（スキル、能力、特性）がきちんと分かっているならば、今の部署内で自分の強みをどんなタスクやプロジェクトで活かせるかを意識してみてください。これなら自分の強みが活きるなという、これぞというタスクやプロジェクトには、積極的に自分から「やらせてください」と飛び込んでいくとよいでしょう。あるいは上司に「こういう取り組みはどうでしょう」と提案するのもよいと思います。

自分が得意なことを活かせるわけですから、そこまで苦でもなく、自然と成果も早く出しやすくなるでしょう。そうすることで、自分の強みを周囲に知ってもらうこともできます。

要は、周囲に自分の存在をアピールしていくわけですが、そのときただ単に、自分の名前を覚えてもらうだけでは足りません。「この人、こういう仕事が得意なんだな」と、自分の強みや得意なことを、上司や周囲にきちんと伝えるようにアピールすることが重要です。

例えば、「あの人は一から物事を整理したり、企画を立てたりと、考える力があるんだな」ということを上司や周囲からも知ってもらえたら、次からも同じような仕事を振ってもらえると思います。その系統の仕事で成果を出したという実績があるからこそ、似たような仕事が自然と舞い込んでくるわけです。これが続いて、たまたま人事担当から「企画ができそうな人はいませんか？」と聞かれたら、「あの人を推薦してみるか」と上司が考えてくれたりするかもしれません。このように、何かしらのフックが生まれれば、異動にも有利になるのです。

「強み」というのは、自分できちんと理解することも重要ですが、その場所にいる他の人たちにも知ってもらうことも同じくらい重要なのです。「強み」とは何かについては、第3章で詳しくお話ししますが、自分の強みに対する解像度を上げたら、解像度を高いままにして他の人たちにも知ってもらうということを、改めて意識するようにしましょう。それが、場所を引き寄せるきっかけにもなると思います。

副業・独立した人が場所を引き寄せるには

社内でいかにアピールして、場所を引き寄せるかについてお話ししてきました。副業や独立した人にとっても、仕事を引き寄せるために重要かつ必要なことだと思います。

例えば、ライターになりたい、文筆で食べていきたいという人がいるとします。インターネットが発達した現在では、これまでの紙の雑誌や本だけでなく、ネット上でさまざまな記事が日々書かれ、発信されています。Ｗｅｂライターなどの仕事は実は非常に身近な職業で、意外となりたいという人も多いのではないかと思います。

フリーランスとして独立するか、副業でライティングの仕事をするか、そのいずれであっても、いちばん最初に何をするかといえば、みんな仕事をもらいに行こうとするでしょう。知り合いにお願いしてツテを求めたり、クラウドソーシングのサービスに登録するというような行動を取る人が多いような気がします。

ここで問題なのは、クラウドソーシングなどのサービスだと、その人の強みがなかなか伝わりにくい点です。自分が何が得意で、何ができるかを、より解像度を高くアピールすることが難しく、人に伝わりにくいのです。それを説明できないから、結局、安い単価で働かざるを得なくなります。

もしライターになりたいならば、そうしたサービスに登録するよりも、例えばnoteのようなプラットフォームに、毎日記事を書いて投稿するというのはどうでしょう。これならば、自分の得意なスタイルで、自分が得意なことを好きにアピールすることができます。そこで、自分のことを見つけてもらうほうが、ライターとして活躍するためには早いのではないかと思うのです。単価の低い仕事を1年も2年も続けていたとしても、そこから違う仕事を得る未来はなかなか想像しづらいものです。しかし、「noteの記事が面白いから、こういう仕事をやってもらえないか」と声をかけられるようなことは、現にたくさん例があります。自分をアピールして仕事を引き寄せる、という意味では、後者のほうが可能性は高いのではないでしょうか。

もちろん、noteに書いたからといって、すぐにそれが仕事になるわけではありません。しかし、noteに書きながら、少しでも「この人の文章がいいな」とか「書く力がある人だな」と知ってもらえるだけでも、何かしらのチャンスにつながる可能性はあります。そうしたリーチを増やしていくという意味では、小さなハードルを越えていっているわけです。

ですから、独立したいという人も、副業したいという人も、強みを含めた自分の存在を他の人に知ってもらうということから始めるのがいちばんの近道なのではないかと思うのです。

実は僕自身も一時期、起業して1人で会社を経営していたことがあったのですが、最初の頃は似たようなことをやっていました。企業の採用の手伝いなどをやっていたのですが、本格的にどうやって仕事を取ればいいかを考えたときに、知り合いのツテをたどろうにも、そこまで知り合いは多くありません。また、仮に知り合いのツテをたどったとしても、前職と似たような業種になってしまうので競合会社を手伝うことになってしまい、「何か違うな」と思っていました。

そこで、ｎｏｔｅを使って自分をアピールするようにしました。世の中で注目されている企業やスタートアップで勢いのある企業などの求人票を添削して、もっと応募が増える求人票にする提案を勝手に書いてみたのです。すると驚いたことに、自分が勝手に添削した求人企業の方が「記事を見ました」と言って、声をかけてくれました。その後、実際に発注してくれるようにもなったという逸話です。これもまた「場所を引き寄せる」ということでしょう。

「場所」のほうも実はあなたを探している

このように場所を引き寄せるということは、言い換えれば「場所の側も、常に人を探している」ということに尽きると思います。今、日本社会はどの業界でも人手不足が深刻化しています。常に人を探しています。

実は場所も人を求めているという感覚は、学校や会社の中にいるだけでは気づきにくいことかもしれません。先ほどのライターやデザイナーの例でいえば、働き始めて何本も仕事をこなせるようなった頃になって、ようやく気づくことなのかもしれません。だから、ライターやデザイナーになりたいと思った際に、スキルを身につけようというところから入ってしまいがちなのです。

そこには「スキルアップすれば仕事がくる」という大きな勘違いがあるように思います。スキルがないうちは誰からも依頼は来ないけれども、一定のスキルを身につければ依頼が来るようになる、という発想で考えている人が多いのではないでしょうか。

しかし、それは事実とは異なります。どんなに優秀でレベルの高いライターでも、その人の得意・不得意とするジャンルがあります。特定のジャンルはやはり特定の人にしか刺さりません。そのカバーする範囲が多ければ多いほど、リーチする人の数が多いというだけに過ぎないと思うのです。

このようなゼロ・イチで思考をする人の前提には、仕事を依頼してくる人はみんな、一定の同じ基準で判断して依頼してきているという発想があるのではないでしょうか。これもまた事実とは異なります。実際には、発注する側の好みでしかありません。もちろん、いろいろな条件もあるでしょうけれども、最終的には「この人の文章、好きだな」とか「この人のデザイン、なんか良さそう」という嗜好的な判断で決まっているのだと思います。実は、連絡が取りやすいとか、もっと単純な理由かもしれません。

つまり、世の中の仕事が欲しいという人の多くが、仕事を依頼する側の気持ちを勘違いしているのではないか、ということです。

ルール⑥

「キーパーソン」を見極める

会社の決定だって「個人」が決めている

前節の後半では、仕事を求める側が、実は仕事を発注する側の論理や実態をよく分かっていないのではないかという点を問題化してみました。これは先に述べた場所の「カルチャー」を見極めることとも関連しています。

例えば、転職や異動した先の上司と生理的に合わないという人もいるでしょう。逆に上司が変わったら急に成果を出せるようになった人も多いと思います。

このように働く場所＝仕事について、もっと解像度を上げていくと、その仕事や転職・異動自体、ある特定のキーパーソンによって成り立っていることが分かってくるのではないでしょうか。

「会社から仕事をもらう」としばしば言いますが、実際に仕事を発注しているのは、「会社」という大きな組織そのものではなく、その仕事の「担当者」という具体的な一個人に過ぎません。会社の中の一個人が決めているわけです。つまり、もし仮に仕事が欲しいならば、会社全体に自分をアピールする必要はないのです。その仕事の発注を決めている一個人に届けばいいのです。たった一人に気づいてもらえれば、それで十分だったりするのです。

会社の判断は、実は具体的な個人が決めている。分かっているようで、つい見落としてしまっているポイントなのではないかなと思います。多くの場合、会社から声をかけてもらうにはどうすればいいのかと、つい問題を難しくしてはいないでしょうか。

仕事を引き寄せるためのキーパーソンを見極める

受注を増やしたい、仕事が欲しいというのであれば、その仕事を発注する側の解像度をより上げていくことが重要です。先にも述べたように解像度を上げれば、その分、戦略を立てて、具体的に行動に移すことができます。

僕がこうして本書を書いているのも、出版社から依頼があったからなのですが、具体的には編集者の方からお声がけをいただいたからです。実際に発注するのはあくまでも一個人なのです。それは、上司が「これお願い」と仕事を依頼するのと変わりありません。会社の中にいるか、外にいるかの違いだけです。言い換えれば、仕事を誰かに頼もうと思っている人は、会社の中にも外にもたくさんいるのです。

社内で上司から「これお願い」と言われたということは、その部下なら依頼したい仕事ができそうだと思って依頼してきているわけです。その会社で勤めてきて自分の強みがその上司に分かってもらっているから、その仕事が降ってきたということです。それは副業・独立のように、会社という組織から出て、外で仕事をしようと思っている人にとっても変わらないことだと思います。ただ、社外の人は、今まで自分と一緒に仕事をした経験はないわけですから、自分にどんな強みがあるか、きちんとアピールできていなければなりません。特定の誰かを引き寄せるためのアクションを、こちらから起こさないといけないわけです。

場所＝仕事を引き寄せるための方法は、本章でさまざまなケースをお話ししてきましたので、ぜひそれを参考にしてもらえればと思います。繰り返しますが、ここで意識してもらいたいのは、仕事を依頼するかどうか判断するのは、会社という漠然とした存在ではなく、あくまでも具体的な一個人であること。

自分の行きたい場所、やりたい仕事につながる個人を念頭に置いて、そのキーパーソンに自分の強みをアピールするのだと考えれば、より具体的に動き出すことができるのではないでしょうか。

第3章

潜在的に持つ「強み」の見極め方

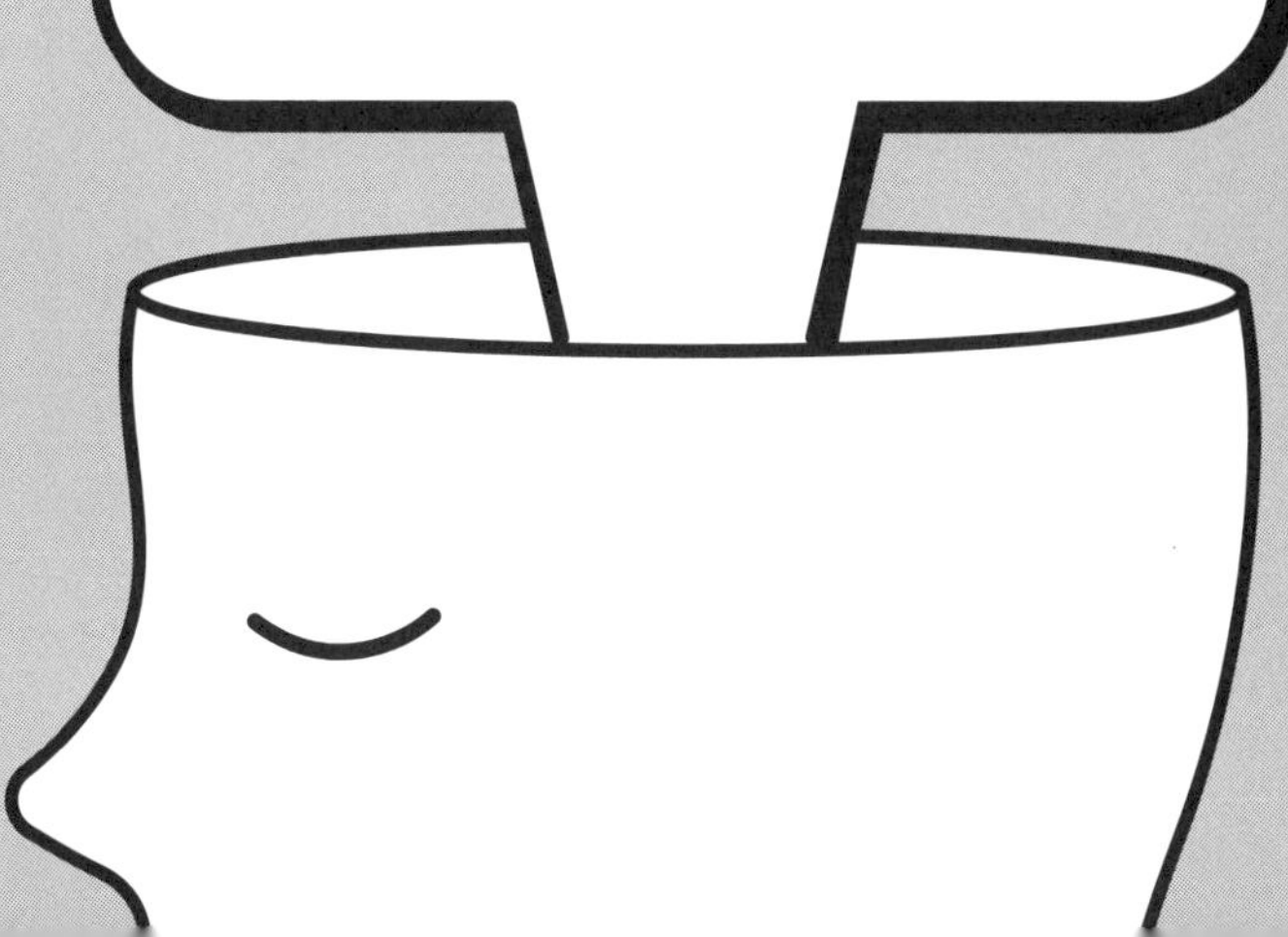

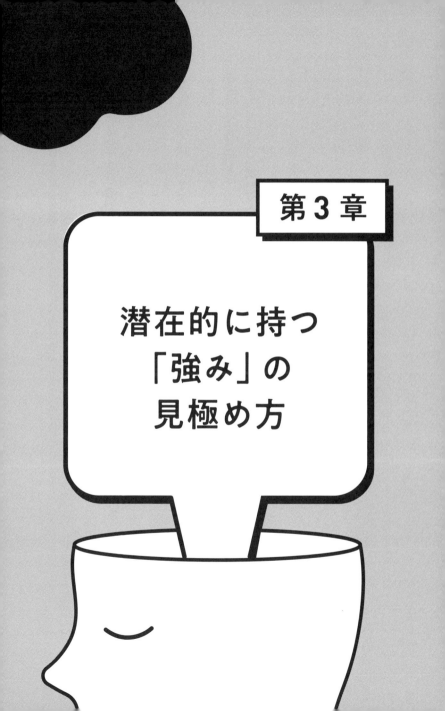

ルール⑦

強み＝スキル＋能力＋特性

「自分の強み」を理解する

キャリアフィットの考え方の根幹である「強み×場所」という方程式のうち、第2章では、特に多くの人があまり意識してこなかった「場所」について取り上げてきました。自分の強みを活かすも殺すも場所次第という意味では、いかに自分の強みに適した場所を探すか、場所を引き寄せるかが重要になります。

自分が選択した場所で成果を出すには、自分の強みを活かすほかないわけですし、その強みに適した場所を選ぶということは、成果が出せる場所を選ぶということでもあります。強みを活かしてその場所で成果を出すことができれば、また別の場所を引き寄せることもでき、またそこで強みを別のかたちで活かすことができるでしょう。

いずれにしろ、自分に適した場所を見つけるためには、やはり自分の「強み」が何なのか、きちんと理解していなければなりません。場所についてもそうだったように、強みについてもあいまいなまま放置するのではなく、もっと解像度を上げて、より具体的に見ていく必要があります。

本章では、キャリアフィットの方程式のもう一つの項である「強み」について、細かく分解しながら考えていくと同時に、これを読む読者の皆さんの強みを、皆さん自身で考え、整理していくヒントをお話しできればと思っています。

「強み」の解像度を上げる

先ほども述べたように、自分の強みとは何かと問われて、そもそも強みとは何か、場所と同様に漠然と考えている人が多いように思います。ここでは、強みの解像度を上げて、より細かく分解しながら見ていきましょう。

第1章でも簡単に触れましたが、僕の整理でいえば、強みとは、「スキル」と「能力」と「特性」に分かれると考えています。つまり方程式で表すならば、次のかたちになります。

強み＝スキル＋能力＋特性

多くの人は、この「スキル」「能力」「特性」を一緒くたに考えてしまいがちです。それぞれが「強み」を構成している力であることに変わりはありませんが、その意味するところはかなり違います。以下では、「強み」を構成する「スキル」「能力」「特性」について、それぞれ詳しく見ていきたいと思います。

押さえておきたい

「スキル」の2つの条件とは？

スキルと経験を混同しない

スキルとは、「経験を通じてできるようになったこと」を意味します。辞書を引いても、スキルについては、「熟練した技術」（『広辞苑』）とか、「手腕。技量。また、訓練によって得られる、特殊な技能や技術」（『デジタル大辞泉』）と定義されています。

やはり、訓練などの経験によって獲得し、できるようになったことを表しているといえます。

近年のビジネス用語では、「ハードスキル」「ソフトスキル」なんていう分類の仕方もあります。ハードスキルとは、これまでの経験や訓練などを通じて得られた専門性の高い知識・技能を意味します。語学やプログラミングなどの技能もハードスキルに分類され、資格のようにその能力値やレベルを客観的に測りやすい性質があるものを指しているとされます。これに対して、ソフトスキルとはコミュニケーション能力や協調性、リーダーシップというような客観的に数値化しにくい個人の特性を指しています。

人材関係やキャリア関係などの本でもしばしば、このハードスキル／ソフトスキルという分類を目にするのですが、僕の定義からすると、スキルも能力も特性も一緒くたにされていて、本当にスキルと呼べるのかと言いたくなる部分もあります。ですから、本書ではスキルとは、よりシンプルに「経験を通じてできるようになったこと」と定義して考えていきたいと思います。

ここでいう経験とはこれまで自分がやってきたことであり、言い換えれば、それは過去の事実でしかありません。「経理を3年やっていた」。これが経験です。この経験を通じて、「身につけることができたもの」をスキルだと僕は定義しています。

例えば、経理とひとくちに言っても、さまざまな業務があります。請求書を発行したり、逆に請求書を提出してもらって処理したりすることも経理の仕事です。経費精算も経理の業務ですし、勘定科目に仕分けしていくのもそうです。月次の決算締め、年次の決算締めも経理の仕事になります。

その業務のどこまでを一人の経理担当が行うかは、会社によって異なります。「3年間、経理の経験があります」という人でも、経理の業務すべてを一通りやったことがある人もいれば、その一部しかやったことがない人もいるでしょう。

少なくとも、他人に聞いたりしなくてもこうした経理の業務のすべてを一人ですることができる、というのは立派なスキルだと思います。そのために必要なコミュニケーションやスケジュールの立案、税理士への確認といった数字の計算だけではない作業も、その「すべて」には当然含まれます。こうしたポイントをすべてクリアして、自分の仕事を全うできるならば、それはスキルといえるでしょう。

スキルには「再現性」がある

このように、スキルというのは、経験があるだけでなく、自前でできることであり、それはどこに行ってでも「再現」できることでもあります。先の例でいえば、「経理を3年やっていた」というのはあくまでも経験に過ぎませんが、経理と呼ばれる範囲はすべて一人でできて、かつ今の会社でなく他の会社に移ったとしても、一通りのことができるというのであれば、その人は経理全般のスキルを持っている人ということになる、というわけです。

つまり、ひとくちに「経理経験がある」と言っても、経理のどの業務をやったことがあるのかで経験の幅は異なりますし、さらにその経験がきちんと身について、その人のスキルになっているかどうかは、まるで違う意味なのです。

「経験」の解像度を上げて、自分のスキルを知る

また、自分にどんなスキルがあるのかを考える際に、これまでやってきた自分の「経験」をもっと解像度を上げて振り返ってみるということは、自分のスキルとは何かを細かく知るためにも重要だと僕は考えています。

というのも、結局、「経理をやっていました」とか「営業をやっていました」と自

分の経験を語ったとしても、それが具体的にどういう経験で、どういうスキルが身についているかまで、きちんと掘り下げて考えている人が少ないのではないかとも思うからです。つまり、先に述べたように、経験とスキルを混同してしまっている例です。それゆえに、「ずっと営業をやっていました」という自己評価だけで止まっている人が、実は多いのではないでしょうか。

例えば、「5年間、法人営業をやってきました」という人がいて、「自分は法人営業ができる」という漠然とした認識しかないとします。これをもっと解像度を上げてみて、法人営業といっても、どういう形態の営業を自分はやってきたのか、あるいはどんな形態の営業が自分は得意と言えるのか、これを細かく見ていくと、そこにはかなり幅があることが分かります。

新規開拓なのか、あるいは既存の取引先との付き合いなのかによっても営業のかたちは異なるでしょう。また、1年かけて数億円受注するような法人相手なのか、中小企業を相手に10万円、20万円くらいの規模で月に何件も獲得していくようなスタイルなのか、でも違うでしょう。扱う商材は情報やサービスなどの無形商材なのか、そうでないのか。飲食店向けなのか小売店向けなのか……などなど、ひとくちに「法人営その人の経験の内実を細分化して見ていくと、その人が実際にどんなことをやってきて、その結果、どんなことが「できる」ようになっているのかが明確になります。それは同じ「営業の経験」でも、人それぞれでかなり異なっているでしょう。

問題は、どういう経験をして、どういうスキルを自分が身につけているか、より細かく解像度を上げて、そこまで言語化していない人が多いということです。

「スキルの過小評価」に気づく

例えば、僕自身、ニュース番組のコメンテーターを務めていることもあり、アナウンサーの方ともお話しする機会があるのですが、驚いたことにアナウンサーの方々はみんな、自分のキャリアについて悩んでいるというのです。アナウンサーとしての仕事に行き詰まったとき、あるいはそれ以上のキャリアにステップアップしたいと考えるとき、果たして自分に何ができるだろうと不安になっている人が多いそうです。

つまり、アナウンサーという仕事を長年やってきたことで、どんなスキルが身についているのか、ひいてはそれがどんな強みになっているのか、当の本人がよく分かっていないのです。

時間内に収まるように自分でうまく調整して原稿を読んだり、うまく話したりすることができるというスキルがあることはもちろん、よく分かっている。けれども、「こんなことができても、ほかでは活かせないですよね」としばしばアナウンサーの方はおっしゃいます。

しかし、普通の営業職からすれば、それは紛《まご》うことのない、驚くべきスキルだと思います。営業のプレゼンテーションに活用するのは当然のこと、あるいは自社の魅力を分かりやすくメディアに伝える広報やPRの仕事にだって十分に活かせるスキルでしょう。にもかかわらず、「自分には活かせるものが何もない」とみんな悩んでしまっているのです。こうなると、アナウンサー以外の仕事も経験してみたいと思っても、転職することを躊躇したり、だったら武器になるような資格を取ろうと考えたりして、無駄な寄り道をし、迷走してしまうなんてこともざらにあるのだろうと思います。

例えば、アナウンサーが「10秒に収まるようにコメントをお願いします」と言われたとします。多くのアナウンサーが1秒単位で発言を調整することができるでしょう。おそらく、それは特別な技術ではなくて、アナウンサーであれば大概の人が身につけているスキルなんだと思います。しかし、他の職業の人間、例えば普通の営業マンからすれば、それは驚愕のスキルになるわけです。

アナウンサー業界では普通で、トップの技術ではなかったとしても、それが5分で自社のサービスをプレゼンするという仕事になれば、武器になる可能性があります。これは、「強み×場所」の関係をよく表している事例でもあります。いずれにせよ、自分のスキルがどんな性質のもので、どんな意味を持つのかは、しっかりと細かく分析してみなければ、間違った評価をしてしまうのです。

スキルの2つの条件と、自分のスキルを見極める方法

それでは、これまでの経験が本当にスキルとして身についているかどうか、どのように判断すればよいのでしょうか。ここまで、スキルについて述べてきたことを整理すると、スキルの条件として、次の二つが挙げられると思います。

つまり、スキルとは、①自力でできること、そして、②どんな場所に行っても再現できること、ということになるでしょう。

先の例でいえば、漠然とした「経理」の経験ではなく、「年次決算ができる」「勘定科目別に仕分けできる」というのが、具体的なできることです（①）。

さらに、転職して違う会社に入社し、場所が変わっても同じように、①のような具体的な仕事を誰にも聞くことなくこなすことができるのであれば、それは再現性があるということになります（②）。

これら2つの条件をクリアしたことが、まさにその人のスキルということになります。まずはこの2つを意識して、自分の経験を振り返ってみるとよいでしょう。

そのときにどんなことに注目すればよいのか。僕が中途採用者の面接をする際によく聞くことがあるのですが、自分のスキルをチェックするのに、参考になるかもしれません。

「前の会社では3年間、営業職で成果を出してきました」という中途採用の応募者がいたとします。そのとき、僕が面接官だったら、例えば「あなたは営業部の中で、上から数えたら何番目くらいの成果だったんですか」と聞きます。あるいは「100人中、何位でしたか」とか、具体的に営業の成績を尋ねるのです。

仮に「10位でした」と答えたとすれば、「それではあなたと他の90人の違いは何だと思いますか」とさらに詳細に聞いていきます。そうすると、だいたいの人がこのあたりで答えられなくなります。

「何かな、数字へのコミット力かと思います」と苦し紛れに応じたとしても、自分がなぜ成果を出せたのかをきちんと考えていない人の答えは、定型句の域を出ないものです。「それでは、他の90人よりも数字にコミットしていたという具体的なエピソードはありますか」とさらに突っ込んだ質問をすると、やはり答えられなくなる場合が多いのです。

それほど、自分のスキルを含めた強みについて、多くの人が考えているようでいて、実は突き詰めて言葉にしていないということなのだと思います。「場所」と同様に、もっと解像度を上げて、分析的に自分を見ることができなければ、スキルをはじめとした自分の強みをきちんと理解することは難しいと思います。

先ほどの面接の例に戻れば、営業経験のある応募者が「自分は人との関係構築が得意なので、営業成績も良かったのだと思います」と述べたとします。そうなのかもしれませんが、僕が面接官ならさらに、「どういうふうに相手と関係を構築していくのか、自分なりのやり方はありますか?」とか、「どんなことを考えて、相手と関係構築していきますか?」とか、やはりさらに突っ込んだ質問をするでしょう。よくある回答は、「相手の気持ちを大事にします」とか「足繁く通うようにしています」という漠然としたものです。

今いち、自分が強みとしているはずの「対人関係の構築」を、具体的に理解していないように思います。もっと言えば、転職してきたとして、本当にこれまでの営業の成果を再現することができるのでしょうか。仮に次の職場で、「たくさん会う」という戦略が使えなくなった瞬間に、「何もできない人」になってしまう可能性すらあるのです。

ですから、関係構築が得意という人は実際にどんなことをやっているのか、改めて「具体的にやっていること／具体的にできること」をもう少し細かく切り分けて考えてみましょう。

もしそれができるならば、きっと先ほどの営業経験のある応募者も違った答えをしてくれたはずです。関係構築の自分なりの方法を問われたとして、具体的にどんなことをやっているかを問われれば、例えば「最初に相手とお会いした後、記憶が新しいうちに、どれだけ早くお礼のメールをするかが肝なんです。これをやっておくと、他の営業提案がなくても、他の営業担当者と差をつけることができます」と応じてくれるかもしれません。

要は、営業先にどう自分を印象付けるかが、営業にとっては鍵になるわけですから、さまざまな試行錯誤を通して、こうした具体的な戦略を立てていくのだと思います。その試行錯誤は、その応募者に思考する力や、仮説を構築していく力があることで成立していることだと思います。そのように具体的に自分が何をやっているかをよく理解している人は、別の場所に移ったとしても、同じように行動することができるのではないでしょうか。つまり、彼の対人関係を築くという特技は、スキルと呼べるような状態になっているということです。その際、それを可能にした「思考する力」は、まさに経験からスキルを生み出すための「能力」だともいえるでしょう。

スキルの探求から「能力」をつかみとる

具体的に自分が何をしているのか、言葉にして説明できるかどうかは、スキルがきちんと身についている人とそうでない人の大きな違いだと僕は考えています。

先ほどの面接での質問も、自分のスキルについて解像度を上げて、より具体的に考えているかどうかを見極めるためのものです。

同じ仕事をして、同じ経験をしているにもかかわらず、成果が全然違う人というのは、もちろん働く場所との兼ね合いもありますから、一概にはいえませんが、多くの場合、経験をスキルに変えられているかどうかの違いなのだろうと思います。経験するだけではその場限りでおしまいで、再現することができませんが、スキルとしてちゃんと身につけていれば、どんな状況でも成果を出す方法を繰り返し行うことができます。

そのためには、やはりどんなスキルを自分がやっているのか、分かっていないといけません。先ほどの質問は、自分にどんなスキルがあるのかを見極めると同時に、スキルを身につけるための方法としても活かせるでしょう。

自分のスキルを具体的に突き詰めていくような質問を、自分自身に繰り返し問うことで、一つずつクリアになっていき、解像度を高めていくことができます。具体的にどんなことをしているのか細かく分解していけば、自分にどんなスキルがあるのかがよりはっきりしてくるはずです。

その過程で、こうしたスキルを身につけられたのはどうしてか、経験からスキルを導き出した自分の傾向が分かってくるのではないかと思います。先ほどの関係構築が得意な人の例でいえば、「お客さんがこうしたら喜ぶのではないか」と想像することができる力が挙げられるかもしれません。さらにそうした想像から仮説を立てて実行することができる力もあるでしょう。また、さらにそれがスキルとして確立されるまで、やり切る力もあるかもしれません。そうした3つくらいの力によって、経験からスキルを導き出すことができたのだとすれば、それが彼にとっての強みとなる能力でもあるわけです。

このように能力は、スキルを支える重要な強みの一部です。経験をスキルに変える能力として、この人は、想像する力、仮説を立て実行する力、そしてやり切る力と3つの力があることが分かってきました。今後、新たなスキルを身につけるときにも、この3つが自分の能力の特徴だなと考えて、その能力を伸ばせるように努められれば、よりスキルを身につけやすくなるのだと思います。

いかがでしょうか。ひとくちに自分の強みといっても、かなり解像度を上げた具体的な水準で考えると、自分にはさまざまなスキルがある、能力があると分かるのではないでしょうか。

次節では、経験からスキルを導き出す能力について、もっと具体的に解像度を上げて考えてみたいと思います。

「能力」の3類型

経験をスキルに変える「能力」とは

前節でも述べたように、スキルとは、転職して別の会社など違う場所に行ったとしても、同じことを再現できるようになっていることを意味しています。人に聞いたり教えてもらったりしなくても、独力で何度も実行することができる、まさに身についている特技がスキルです。

ただ経験だけあっても、そこから何も学ばず、何も得ていないとすれば、環境や場所が変わると、同じような成果を出すことは難しくなります。そういう人は、経験からスキルを得ることができなかった人ということになります。そして、その経験をスキルに変えるために必要なのが、「強み」の構成要素の一つである「能力」だと僕は考えています。

この定義からすれば、何度経験してもそれがスキルにならないのは、結局は、その人の能力が低いから、ということになるでしょう。

例えば、何か新しいことにチャレンジするときに、それがすぐにできるようになる人と、なかなかできない人がいると思います。スケートボードを始めたとして、さまざまな技をすぐに身につけてしまい、いつでも再現できるようになる人と、何回も練習してもなかなか身につかない人がいます。これが能力の差だと思うのです。スケートボードの例でいうなら「運動能力」の差ともいえるかもしれません。

これは仕事の現場でもよくあることでしょう。それまでやったことがない業務であっても、すぐにポイントを押さえて、それなりの成果を出せる人とそうでない人で、差がついてしまうものです。それも経験をスキルに変える能力の違いです。

もう少し具体的に見ていきましょう。例えば保険の営業の場合、飛び込みでさまざまな人と話すわけですが、すぐに相手の懐に入り込んで、相手が求めているような受け答えでコミュニケーションが取れる人と、どうも要領を得ず、うまく話せない人がいるとします。

経験としては同じ営業をやっているにもかかわらず、次第にこうした差が出てしまうとすれば、そこには経験をスキルに変えるための能力に差があるというわけです。

営業でうまくコミュニケーションを取れる人は、相手の細かい表情に気づく能力であったり、そうした細かな仕草から相手の求めることを推察する能力が高かったりするのかもしれません。あるいは相手がどんな人か感じ取ったうえで、相手に合わせてさまざまなコミュニケートのスタイルを変える能力があるのかもしれません。そうした「対人力」の有無が、営業の経験をスキルに変えるのに作用しているのだと思います。

言い換えれば、インプットの量がたとえ同じでも、能力に差があればアウトプットの量が変わるということです。この場合、インプットとは経験であり、アウトプットとはスキルのことです。同じインプットをした際に、アウトプットの量を大きくしたり、あるいはアウトプットをより早くしたりするものが能力であると位置付けられます。

能力が高い人はＰＤＣＡを回せる

スキル、能力、特性のうち、スキルは基本的に自分ができるようになったことですから、それなりの実感や成果を伴うでしょうし、アウトプットとして目に見えるかたちで分かるので、自分からも他人からも理解しやすいものになるでしょう。特性についても、生まれ持った、あまり変わることのない自分の特徴や性質ですから、他人との比較の中である程度見極めることができるのではないかと思います。

しかし、このなかでも自分の「能力」については、それがどんなものであるか知るのは、実はなかなか難しいものです。先述しましたが、スキルのようにアウトプットのかたちで、結果として出てくるものではなく、また特性のようにその人の基本をなしているような性質とも異なって、場合によっては努力してスキルのように高めたりすることができるからです。

僕自身、面接でいちばん見ているのは、実はこの分かりづらい能力の部分だったりします。もちろん、「あなたの能力は何ですか」と直接的に聞いても、的を射た回答はなかなか得られません。また、多くの場合、人は面接で自分の経験を語ります。そこで私は、その経験によってどんなスキルを得たのか、同時にそのスキルが、どのくらいのレベルのものなのかを聞きます。具体的には、先ほどスキルに関する節でもお話しした面接での質疑応答と同じようなものです。スキルについて探る中で、自然とその人の能力についても理解を深めることができます。

もし、これまでの経験に反して得られたスキルの度合いが低いならば、それは能力そのものが低いのだと判断せざるを得ません。その人は、経験をスキルに変える燃費が悪いということになります。逆に、その燃費が良い人は、能力が高い人ということになります。そういう人はたとえ経験値が少なくとも、スキルはすぐに向上します。そういう人を雇えば、きっと会社にとって貴重な戦力になるはずです。

繰り返しますが、スキルとは、経験を通じて身についた具体的にできることであり、さらにどこに行ったとしても同じようにできるという再現性のある行為を指しています。経験は結局、その人がやってきたことに過ぎず、そこに再現性はありません。そして能力は、経験をスキルに変える力であるならば、スキルの再現性は、この能力によって支えられていると言っても過言ではありません。

自分で考え、行動し、その結果、どうなったかを理解していること。たとえうまくいかなかったとしても、それを振り返り、どうすべきだったかを考えてさらに行動に移せること。

よくPDCAサイクルと言いますが、Plan（計画）、Do（実行）、Check（測定・評価）、Action（対策・改善）がその人の中できちんと回っていれば、それだけ成功した結果を再現しやすくなるものです。

先の面接の例のように、「他の90人と比べて、あなたは何が違うのですか」と尋ねて、「自分はAという方法を選んだので、結果が出たのだと思います」と答えられる人がいたとします。さらに僕は、「どうしてBでもCでもなく、Aという方法を選んだのですか」と質問をします。

よくPDCAを繰り返している人は、自分がなぜその結果を得られたのかをよく分かっていますし、再現もできますから、なぜBやCではだめなのか、Aなら良いのかという理由をきちんと説明できるのです。これが逆にPDCAを繰り返していない人だと、結局、「なんとなく」で済ませているので答えることができませんし、別の状況や環境下になったときに適切な判断をすることができないでしょう。

ですから、どんな経験を通してどんなスキルを会得することができたのかをより具体的に分析してみることで、自分にはどんな能力があるのかを遡及的に理解することができるのではないかと思います。

「能力の3類型」から傾向を知ろう

どんな能力がどれだけあるかは、人によってさまざまです。それはその人の特性によっても左右されることだと思いますが、能力の違いによって、自分が得意とするスキルも変わってくるでしょう。

例えば、コミュニケーションなど対人的な能力が秀でている人は、同じ営業職であっても、人との関係構築を重点に置いたスキルが身につきやすく、かつ活かしやすいのではないかと思います。抽象化・具体化を通じて論理的に物事を考えたうえで戦略を構築する能力に長《た》けている人は、もっと営業のプロセスを構造化し、どこがポイントになるかを見極めて戦略的に勝負するというスキルが身につきやすいかもしれません。前者の場合、人と接してコミュニケーションをとりながら営業していくことが中心となる保険の営業は得意かもしれませんが、後者はそれが難しく、もっと別の商材の営業のほうが向いているといえます。

同じく営業のスキルが高いといわれているAさんとBさんがいるとしても、そのスキルの下地となっている能力は、それぞれまったく異なる可能性があります。Aさんは対人力が抜群に高いけれども、Bさんにはそれがまったくなく、むしろ論理的に思考して課題を克服していく対課題力に優れているかもしれません。たとえ同じ経験をしたとしても、それぞれの能力に応じて、AさんとBさんが身につけられるスキルにも差が出てくるでしょう。その違いは、AさんとBさんそれぞれの「強み」の違いでもあります。そして、その「強み」が活きるかどうかは、本章の冒頭でも述べたように、「場所」との掛け算で考え、判断するべきだと思います。

人間にはさまざまな能力が備わっていると思いますが、僕は大きく分けて、能力は「対人力」「対自分力」「対課題力」の3つからなると考えています。この能力の3類型はさらに細かく分けて、考えつく限り挙げてみると、全部で50項目の力に分類できると思います。

先述したように、どの能力がどれだけあるかは、人それぞれです。僕の場合、自己分析してみると、対人力・対自分力・対課題力という3つの大項目のうち、対人力に関してはとても少ないように思います。その分、対自分力・対課題力によって自分の能力は構築されていると感じます。実際に、人と直接にコミュニケーションをとりながら進めていくような仕事はそこまで得意ではなく、もっと戦略を立てたり、具体化と抽象化を行き来しながら考えていったりすることのほうが得意です。

対人力・対自分力・対課題力がバランスよく備わっている人もいれば、得意とする項目がそれぞれ違ったりもします。一つだけ飛び抜けている人もいるでしょう。そうした能力のバランスや傾向は、強みの最後の要素である、その人の性格的な個性である「特性」とも関連しながら決まってくるのではないかと思います。

この項目リストを参考に、自分にどんな能力が備わっているか、改めて考えてみてください。その際に注意したいのは、漠然とリストを見て、「僕はこれかな」「私はこれっぽいな」となんとなく判断しないことです。自分だけの評価ばかりではなく、他人からの評価も加味して、もっと客観的に考えるべきだと思います。先述しましたが、人は自己認識と他人からの認識にはズレが生じるものです。往々にして自己に対する認識は甘くなったり、逆に卑下したり、思い込みにとらわれてしまいます。だからこそ、他人の意見をきちんと分析し、自己認識の誤りを正していく必要があると思います。

対人力

No.	項目	説明
1	傾聴力	相手の話に真剣に耳を傾け「聴く」に徹する力
2	受容力	自分と異なる意見も否定をせずに受け入れることができる力
3	主張力	誰に対しても毅然とした態度で意見を伝えることができる力／相手に不快な思いをさせずに意見を伝えることができる力／分からないことを素直に分からないと言える力
4	交渉力	他者と自身で異なる意見に対し、お互いの落としどころを設定できる力
5	説得力	コミュニケーションを通して相手を納得させられるプレゼン力／相手の懸念点を汲み取りながら相手を納得させることができる力
6	説明力	誰にでも分かりやすく物事をかみ砕いて説明ができる力
7	質問力	他人の本音や悩み事、相談事を引き出すことができる力／自身の現状を正しく言語化し、相手に的確に投げかけることができる力
8	統率力	向かうべき方向やゴールを示して周囲を先導する力 ／先頭に立って鼓舞することができる力・チームをまとめ上げる力
9	巻き込み力	物事に取り組む際にうまく周りを巻き込みながら進めることができる力 ／うまく周りを頼りながら複数人で協力しあい物事を進めることができる力
10	ファシリテーション力	話し合いをスムーズに進める力 ／話し合いの場において参加者の意見を引き出し、議論を活発化させ、合意形成を図る力
11	支援力	チームやほかのメンバーを助ける力 ／周囲の人の成長のために立ち回ることができる力
12	寄り添い力	相手の気持ちを読み取り理解することができる（理解しようとする）力
13	協調力	同じ目標に向かって、ほかのメンバーと力を合わせて協働ができる力 ／和を大切にしながらチームで物事を進めることができる力 ／チームの方針に従い、仲間と協力して行動することができる力
14	人間関係構築力	初めて会った人でもすぐに打ち解け、信頼関係を構築する力

※キャリアの悩みを解消するサービス「ミートキャリア」資料をもとに筆者作成

対自分力

No.	項目	説明
1	決断力	素早く意思決定する力 ／自分なりの基準を設けて情報を集め、納得のいく意思決定をする力
2	あいまい力	あいまいではっきりしない状況に対して、ありのままに受け入れられる力 ／ケースバイケースの判断を受け入れられる力
3	柔軟にとらえる力	状況に合わせて今までやってきたことにとらわれず、臨機応変に対応していく力
4	冒険力	リスクを恐れず難度の高いことに挑戦する力 ／変化を恐れず新たな領域へ飛び込む力
5	規律力	ルールや秩序にのっとり、整然と仕事を進める力 ／自分自身で決めたルールや習慣を守り実行する力
6	主体力	周りのニーズを把握し、自ら率先して動く力
7	持続力	施策、仕事を実施し続けられる力／成果が出るまで継続できる力
8	忍耐力	直面した課題や困難に耐える力 ／困難に直面してもコツコツと我慢強く、やるべきことを行っていく力
9	吸収力	自身の成長のためにアドバイスを素直に受け入れる力 ／物事を素早く理解し身につけることができる力
10	慎重力	注意深く落ち着いて仕事を進める力／物事に取り組む前にさまざまな可能性を考えることができる力
11	レジリエンス力	困難な状況や大きなストレスに遭遇しても、すぐに立ち直り回復することができる力
12	モチベーションコントロール力	どのような状況であってもモチベーションに左右されず、成果を出すことができる力

対課題力

No.	項目	説明
1	試行力	意思決定できるだけの材料がない状況で、必要であれば思い切りよく試せる力／機会損失をなくすために考えうる可能性すべてを試すことができる力
2	変革力	古い慣習や固定観念にとらわれず、物事をより良い方向に変えていこうとする力
3	機動力	状況に応じて、臨機応変に行動を起こせる力 ／物事に対し、スピード感を持って行動できる力
4	否定力	周りの意見に左右されず、自分で考えたうえで決断ができる力
5	発想力	新しい案を思いつき、自分の考えを発展させられる力／既存のやり方にとらわれずに思考できる力／斬新な発想ができる力

6	計画力	目標達成に向けて、緻密な計画を立てられる力／ゴールから逆算して道筋を立てられる力
7	推進力	ゴールに向かって、仕事を前に進められる力 ／止まることなく前へ進み続ける力
8	業務順守力	注意深く落ち着いて、物事を確実に、丁寧に一歩ずつ進めていく力
9	俯瞰力	物事や事態、思考を全体的に眺めることができる力
10	順応力	初めての環境や課題であっても柔軟に受け入れ、前向きに取り組むことができる力
11	分析力	自分が置かれている現状や物事の因果関係、仕組みなどを分析・理解する力
12	タスク管理力	所要時間を正確に見積もり、予備の時間を加味しながら仕事の優先順位をつける力 ／やるべきことを細かく分解し、重要度や緊急度等の軸に沿って、仕事の優先順位をつける力
13	物事を前向きにとらえる力	どのような状況であっても良い面を見つけ、前向きに物事に取り組むことができる力
14	先回り力	物事を先回りして考え、必要な情報や準備を事前に整えることができる力
15	思考力	論点思考（イシュー思考）、ロジカルシンキング力、ラテラルシンキング力、クリティカルシンキング力、抽象化思考、アナロジー思考
16	本質的に物事をとらえる力	表面的な情報だけを見るのではなく物事の根本を考えることができる力 ／「なぜその課題が起こっているのか?」「本当に必要な解決策は何か?」「そもそも何のためにあるのか?」を常に思考することができる力
17	課題解決力	課題を適切に設定し、解決のための行動を起こすことができる力
18	目標設定力	現状を正しく判断し、適切な目標を設定する力
19	業務改善力	PDCAを回す力
20	グリット力	目的をぶらさず集中して最後までやり抜く力
21	情報収集力	必要な情報をさまざまな手段を用いて集めることができる力
22	情報整理力	集めた情報を分類することができる力／ 集めた情報を元に他者が判断しやすいように整理することができる力
23	リスク管理力	リスクを想定し、リスクの原因となる事象の防止策を検討し、リスクを未然に防ぐ力
24	トラブル対応力	トラブルが発生した場合に、その影響を最小限に抑え、回復を図る力

※キャリアの悩みを解消するサービス「ミートキャリア」資料をもとに筆者作成

例えば、人から褒められたことがあるとか、びっくりされた経験などがあれば、そこから自分に備わった能力の特徴を学び取ることができるかもしれません。自分としてはたいして難しく思っていなくとも、他人からすると難しいことだったりすれば、それはあなたの強みであり、そこから能力の傾向を知ることもできるでしょう。

本章の最後に自分の強みとは何かを理解するためのマトリクス思考についてお話ししますが、自分の能力をきちんと知るためにも役立つと思いますので、そちらを参考にしてみてください。

能力の土台となる「特性」

こうした能力は、もちろんその人の特性に応じて、向き不向きもありますが、努力次第でもっと伸ばすこともできると思います。しかし、どんな能力が自分に備わっているかをきちんと把握しないことには、何を伸ばしていいかも分からなくなるでしょう。

つい、自分の特性はこういうものだという先入観がはたらき、自分の能力を狭く考えてしまうこともあります。次節で詳しく見ていきますが、「スキル」を支える「能力」、そして「能力」の土台となる「特性」のうち、最後の「特性」は、その人の持って生まれた性質であるため、なかなか変えることができません。そのために、簡単に決めつけてしまいやすいのです。特性によっては、どうしてもできないということもあるでしょう。だからこそ、逆に特性だけで自分の強みを決めつけやすくなってしまうのです。

例えば、「私は初対面の人と仲良くなったり、心を開いて話したりするのが苦手だから、営業職は苦手」と判断してしまう。けれども、営業職として使えるスキルはさまざまですし、そのスキルを身につけるための能力もさまざまにあります。その辺を全部飛ばしてあいまいにしてしまうと、つい人は、「人に喜んでもらうのが好きだから、私はサービス業が向いている」とか「あまり縛られるのは嫌いだから、ベンチャーが向いている」なんて安易な判断に陥りがちです。

やはり、私たちの強みは、あくまでもスキル・能力・特性の3つが協働して成立しているのだという点を改めてここでは強調しておきたいと思います。

その点をしっかりと押さえたうえで、次の「特性」について見ていきましょう。

持って生まれた「特性」

特性とは何か

「スキル」「能力」ときて、ここでは3つめの要素である「特性」について見ていきたいと思います。この特性というのは、努力しなくてもできること、言うなれば、ほとんど生まれつき、その人に備わっている特徴や傾向のようなものと定義づけることができます。

僕の場合だと、人の気持ちを理解することが難しいという特性があります。周囲の空気を読んだり、自分の発言によって周囲がどんな反応をしたりするのか、というようなことは実はよく分からないところがあるのです。だから正面切って対面の場で、マネジメントしたりすると、人によっては当たりが強く感じる人もいますし、そのためにうまくいかないことも多々ある。30代に入ってから発達障害の一つである自閉スペクトラム症（ＡＳＤ）と診断されましたが、それも僕の特性の一つです。

対面ではどうしても当たりがきつく思われがちなので、逆にリモートでは僕が他人に与えてしまう圧のようなものが伝わりにくくなりますから、リモートワークは僕の特性には向いていたということになります。

好き嫌いという個人嗜好も、特性に左右されることが多いでしょう。例えば「会社の机の上がきちんと整理されていたほうが好きで、仕事がしやすい」という人もいれば、逆に「雑然とものが広がっていたほうがやりやすい」もしくは「ものが散らかっていても特に気にならない」という人もいると思います。

また、「上司からいちいち指示されるのが嫌いだという人」もいれば、逆に「きちんと指示をもらいたい」という人もいます。その差はその人の特性の違いなのではないかと思います。

あまりリスクを感じない「リスク許容度が普通よりも広い人」がいたり、「カオス耐性の強い人」、「ストレス耐性の強い人」、「物事をコツコツやるのが苦でない人」、逆に「何でも一夜漬けで一気呵成にやってしまいたい人」がいたりするなど、数え上げればキリがありません。特性とは、人間の数だけあるともいえるでしょう。そうした性質が、スキルや能力と並んで、「強み」の一つなのです。

「特性」をベースに戦略を立てる

先述したように、経験をスキルへと変える力が能力であるならば、その能力を支える土台となっているものが、その人の先天的な特質である特性だと考えることができます。

例えば、対人力のうち「相手の話に真剣に耳を傾け『聴く』に徹する力」と僕なりに定義した「傾聴力」が秀でている人がいたとします。そういう人はもともと、人の話を聞くことが好きだったり、苦にならなかったりする特性を持っていたかもしれません。「人の話を聞くことが好き」という特性があったから、「傾聴力」という能力が伸びたというわけです。

もちろん、だからといって、もともとある特性と違う能力は育たないかというとそうではありません。特性を持っていたから特定の能力も自然と持っていたという人もいれば、訓練として特定の能力を身につけられたという人もいると思います。

一つひとつ論理的に積み上げて思考することが苦にならない特性があるから、対課題力の中でも「思考力」や「分析力」のような能力に自然と秀でていたという人もいるでしょう。逆に経験の中で繰り返し、論理的に考えたり、構造化して考えたりしているなかで、そうした能力が発達した可能性もあります。環境によって求められたから、結果的に身についた場合もあるでしょう。

周囲から見たら、同じ論理的に積み上げる能力だとしても、それが特性としてもともと持ちやすかった人もいれば、日々の習慣や努力、環境によって後天的に身につけた人もいるわけです。ですから、単純に自分の特性が決まっているからといって、特定の能力は絶対に伸びないということでもないでしょう。先述したように「人と接するのが好きだからサービス業」というような、思考の過程を何段階も飛ばしてしまったような臆見は、まさに特性だけで自分の強みを決めつけてしまうようなものです。

もちろん、特性によってどうしても能力に傾向が出てしまうのは仕方ありません。

それは、その人の個性です。その個性をどう活かすのかは、その人次第だろうと思います。ですから、これも場所や、他の強みの要素と同じように、もっと解像度を上げて、自分の特性とは何かをきちんと具体的に言葉にして理解しなければ、どうやって活かすかも分からなくなるでしょう。結果、特性を能力やスキルと混同して、無理に矯正しようとしてしまったりするかもしれません。特性は能力やスキルと違って、やはり性格的な要素が色濃く、場合によっては一生付き合っていかなければならないものです。それを無理に矯正するよりも、うまく付き合っていくほうが合理的だと思います。

自分の「特性」を知る方法

それでは自分の特性とは何か、どのように理解を深めればよいのでしょうか。これもまた、僕自身が行っていた採用面接の現場での質疑応答が、何かヒントになるかもしれません。

例えば中途採用の面接では、これまでの経験からどんなスキルや能力があるのかを理解するために質問を組み立てていますが、新卒採用の面接では、相手は、これから社会人経験を積んで、さらにスキルや能力を育てていくような存在です。その伸び代を知るためにも、能力の土台となる特性を判断できるような質問をするように、僕は心がけています。そのためには、どうしても相手のパーソナリティーにも関わる深い部分にまで問いかけなければならなくなります。

例えば、大学在学中にコツコツと勉強して、難易度の高い資格を取得していた人がいるとします。一見すると、物事を継続してやり抜く能力があると分かるわけですが、さらに踏み込んで「普通なら諦めてしまう人もいると思うけど、どうしてそこまで頑張れるんですか」とか、「何が原動力になったのですか」「やり抜くという選択をしたとき、どんな感情でしたか」というような質問をします。

こういう質問を繰り返して、その能力が、日々の努力で身につけたものなのか、あるいはもともとのその人の特質なのかを判断するのです。特性はどうしても変えにくいものですから、そのやり抜く力の根源がその人の特性であるならば、「やり切らないと気が済まない人なんだな」とか「自分ができない側にいるのが嫌でしょうがない人なんだな」ということが分かってきます。それがその人の特性であれば、例えば「指導が厳しい上司がいる部署でも、頑張れるかもしれない」と判断することができるでしょう。

あるいは、今までの人生で、「自分が人にしてしまったことでいちばん悪いと思っていること」と、それと同じくらい「人からされていちばん悪いなと思うこと」を挙げてみて、と質問することもあります。その回答を聞くと、「自分がされたこと」と「人にしてしまったこと」で、どんなことが悪いと思っているのか、意外と落差があることがわかりました。

例えば、自分がされたことはかなりひどいことだと思うことを挙げますが、逆に自分がしてしまった悪いことは、はたから聞いていると、意外にたいしたことではない場合があります。そういう人は、きっと自責の念が強く、倫理観の強いタイプなのかもしれません。

このような面接の質問を、自分にも当てはめてやってみると、自分の中にある、どうしても動かせない、根源的な核となる部分が見えてきます。それが特性に当たるのだと思うのです。

繰り返すように、特性はスキルや能力と違って、なかなか努力では変えることができないような、その人の性質を指しています。その特性によっては、ある特定の職場の雰囲気や上司や同僚、取引先の人間のパーソナリティーと合わないということもあるでしょう。能力やスキルでカバーすることができる場合もありますが、それが難しい場合もあって当然です。どうしても動かせないものだからこそ、その特性に適した場所や人を選んでいくというのも、本書が目指すキャリアフィットのあり方だと思います。

ルール⑧

「キャリア・マトリクス」で本当の強みを導き出す

本当の強みを導き出す「自己分析マトリクス」

ここまで、「スキル」「能力」「特性」という3つの要素から、「強み」というものを考えてきましたが、いかがでしたか。場所の場合と同様に、自分の強みをより具体的に分析してみることで、そこにどんな傾向があるのかを理解することができるでしょう。本章では自分の「スキル」「能力」「特性」を知るための参考として、僕自身が人材採用の面接で用いた質問の例をいくつかお話ししましたが、どんなふうに自分の強みを探すのか、なかなかそのとっかかりがつかめないという人もいると思います。一人でもできるように、自分の強みの傾向を知るための質問項目をいくつか考えてみました。ここに載せたような質問を、実際に自分に問いかけてみて、これを具体的な言葉で、実際にノートや手帳などに書き出してみてください。そこから、改めてスキルや能力、特性に振り分けてみると、より立体的に自分の強みが分かってくるのではないかと思います。

また、繰り返すように、あくまでも強みは場所との掛け算で、初めて意味を持つものです。人は、自分の判断だけでは、しばしば誤った思い込みをしやすいものです。自分の強みを知る際には、他人からの評価もきちんと判断の材料にして考える必要があります。

その際には、4象限マトリクスの図を用いれば、自己評価と他人の評価をクリアに整理することができます。

例えば、自分から見た強み（得意なこと）と弱み（不得意なこと）を横軸（x軸）に、他人から見た自分の強み（得意なこと）と弱み（不得意なこと）を縦軸（y軸）として、自分の強み／弱みを整理してみてください。

この場合、マトリクスの右上は自分も他人も得意だと判断しているものです。自他

- □ あなたが自分で得意だと思うタスクは何ですか?
- □ 同僚や上司から「これ得意だよね?」と
言われたことがあるタスクは何ですか?
- □ 周囲の人が困ったり苦手にしたりしているのに、
自分は苦にならないタスクはありますか?
それはどんなタスクですか?
- □ 周囲の人を見ていて「なんでこんな簡単なことができないんだろう?」
と思ったことはありますか?　それは何ですか?
- □ 自分としてはたいしたことをしていないのに、他人から褒められたり
したことはありますか?　それはどんなときですか?
- □ 自分としては苦手意識があるのに、他人からはそう思われて
いなさそうなタスクはありますか?　またそれは何ですか?
- □ 自分でも苦手で、他人からも「苦手だよね?」と
言われたタスクはありますか?　それは何ですか?
- □ 自分でも得意だと思っていて、周囲もあなたがそれを得意だと
思っているタスクはありますか?　それは何ですか?
- □ 自分では得意だと思っているけれど、周囲はそう思っていなさそうな
タスクはありますか?　またそれは何ですか?
- □ 今までやってきた仕事やタスクで、あまり努力をしなくても
すんなりできたことは何ですか?
- □ どんな種類のタスクや仕事だと長い時間やっていても苦になりませんか?
- □ 逆にどんなに簡単だと分かっていても、なかなか着手するのを
ためらうタスクはありますか?　それは何ですか?
- □ 誰に聞かれてもやり方を答えられるタスクはありますか?
それは何ですか?

ともに認めるものですから、これは自分の強みだと判断して、まず間違いないでしょう。これに対して対角線上にあたる左下は、自分も他人も不得意だと判断しているものになりますから、これは自分の弱みだといえます。

右下は、自分は得意と思っているけれども、周囲から見たら得意だとは思われていないものです。この場合、自己認識が間違っている可能性があります。もしくは、場所が悪いのか、力をうまく発揮できていないのかもしれません。

これとは逆に、左上に分類されたものは、自分は不得意だと思っているけれども、相手は逆に得意だと思っていることになります。実はこれが、自分にとって「本当の強み」の可能性があります。自分では得意でなく、あくまでも普通のこと、もしくはどちらかというとあまりできないことだと思っているにもかかわらず、周囲の人間にとってはできることだと思われているのです。言い換えれば、自然にこなせていることが他人からの評価では抜群に評価が高いわけですから、仮にこの強みを仕事として活かせるならば、まさにその人にとって無理なく行える「適職」だといえるでしょう。

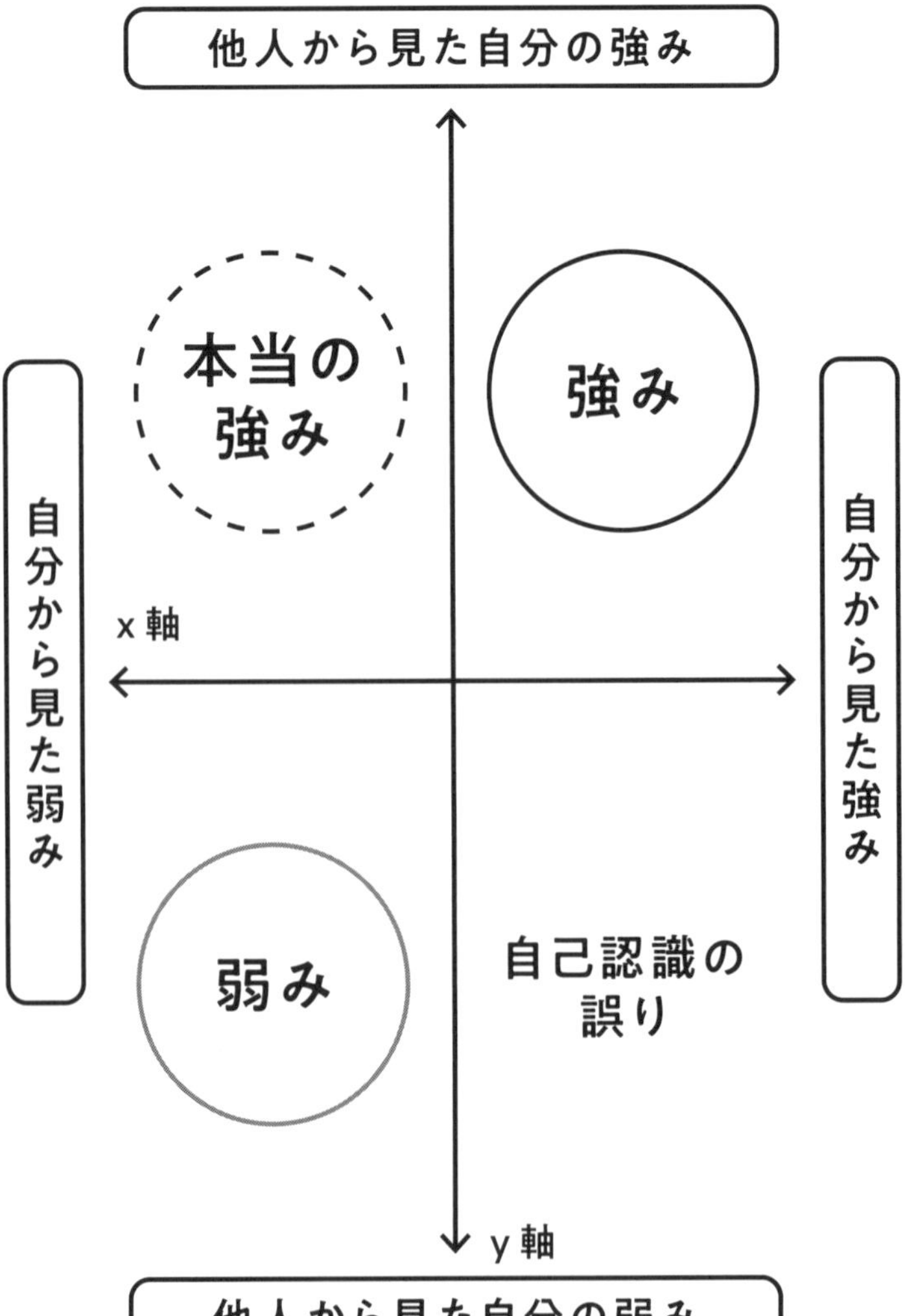
他人から見た自分の強み
本当の強み
強み
自分から見た弱み
x 軸
自分から見た強み
弱み
自己認識の誤り
y 軸
他人から見た自分の弱み

「弱み」にとらわれる必要はない

4象限マトリクスの図に照らして考えてみると、少なくとも自分の「弱み」と言える部分は、全体の4分の1しかないことが分かります。4つに分けたうちの3つは強みの可能性があり、ある程度、及第点くらいは取れる可能性があるものです。

例えば、コミュニケーション能力が低いことが自分の弱みだったとしても、それを残りの4分の3の強みでいくらでもカバーできるものだと思います。ですから、無理に「弱み」を改善することに労力を注ぐよりも、いかに「強み」を活かすかを考えたほうが、はるかに効率的ですし、成果も出しやすいのではないかと思います。

自分の弱みは捨てたほうがいいと言われると、本当に大丈夫かと躊躇してしまう人も多いかもしれませんが、繰り返すように、4象限マトリクスの図を見れば分かるとおり、あくまでもそれは全体の4分の1のことに過ぎません。4象限マトリクスを使って図示し、きちんとイメージ化できれば、何も弱みを切り捨てるからといって、10個あるうちの8個を切り捨てろと言っているわけではないことが分かると思います。

具体例

「僕のキャリア」を例に考えてみる

「テレアポ」と「同じことの繰り返し」が得意

さて、ここで今まで見てきた「強み」×「場所」の方程式を使って、私自身がどうやってキャリアの選択をしてきたのか、そのときに何を考えていたのかを実践例として書きたいと思います。

すでに書いているように、私が社員として初めて働いたのが、株式会社リクルートHRマーケティング（現在の株式会社リクルートジョブズ）でした。仕事としてはタウンワークやフロムエーというアルバイト・パートの求人広告の営業だったのですが、実はその仕事をすることを知ったのは入社が決まったあとでした。

当時、私はフリーターだったのですが、「さすがにこのままじゃまずい気がする。社員にならないとなぁ」と漠然と不安に思っていました。そんなときにコンビニで立ち読みしていたフロムエーに「3年限定契約社員！　3年終了後には200万円支給」と書いた求人を見つけます。当時は正社員と契約社員の違いもよく分かりませんでしたから、「3年後働いて200万円もらえるなんてラッキー！」と思い、フロムエーを購入し、即応募。あれよあれよと言う間に採用が決まったので働いたというだけです。

つまり、ここまではまったく「強み」×「場所」の方程式は使っていません（笑）。

さて、仕事を始めるとまもなく、自分の「強み」というか、「得意かもしれない？」業務が見つかります。それはテレアポです。

新人の仕事はとにかく新規開拓なので、朝から晩までリストのお客様にテレアポをして商談の予定を獲得するのですが、同じグループで働いていた同じ1年目の人たちは皆、テレアポに苦戦していました。なかなかアポイントメントが獲得できないのはもちろん、「お客様に電話して断られたらどうしよう」と考え、なかなか電話をかけることもできません。しかし、私はフリーター時代にテレアポのバイトをしていたので、お客様に断られることにも慣れていましたし、面識のない人にいきなり電話をかけることにも抵抗はありませんでした。結果として、苦労しなくても、商談のアポイントメントが比較的たくさん獲得できました。

そのときまで自分はテレアポが得意だと思っていなかったのですが、「あれ？　もしかしたら自分はテレアポが得意なのかもしれないな」と初めて感じた瞬間でした。

そして仕事をしていくうちに、もう一つ「得意かもしれない？」と思うことが見つかりました。それは「同じことを正確に繰り返すこと」です。

営業活動に慣れてくると、皆それぞれオリジナルに営業トークを考え、商談するようになります。その一方で、最初はやっていた基本的なヒアリングやトークなどをしなくなってしまう人も少なくありません。毎日何件も商談して、毎回タウンワークやフロムエーの広告枠の提案をすることになるので、飽きてしまって基本をおろそかにしてしまう人が少なくないのです。

ただ、私はそういったことが苦痛ではありません。慣れてきても入社したてのときと同じく毎回丁寧に基本的なことをヒアリングし、丁寧に分かりやすくお客様にタウンワークやフロムエーについて説明することを繰り返せました。また「1日◯件のテレアポをする」という新人時代の目安となる行動量の目標も、毎日淡々と欠かさず行うことができました。

結果的に、営業成績はずっと達成。MVPを取ることもできました。正直にいえば、繰り返しているだけで成果が出るので「なんでみんなやれないのかな?」と不思議だったくらいです。

実は、この「同じことを飽きずに繰り返しできる、むしろそのほうが安心できる」というのは私の「特性」からきている強みです。私はASD(自閉スペクトラム症)という発達障害があるのですが、その特徴の一つとして「ルーティンを好む」というものがあります。この特性がゆえに、毎日同じことを繰り返し淡々とやることが苦痛ではなく、むしろ自分としては楽なことだったわけです。それが、営業で継続的に成果を残すことにつながりました。

リクルート時代に私が自覚した強みは「テレアポ」と「同じことを正確に繰り返しできる」でした。どちらも自分としては「たいしたことをしていない」「普通にやっているのに、なぜか周囲は苦労している」というのを見聞きして、自覚することができたものです。もっといえば、どういったことをどのくらいの量やれば営業として成果が出るかを自覚できていることも「強み」だといえるかもしれません。

創業期ベンチャーで分かった「70点までの早さ」

それなりに成果を出せていたリクルートでの会社員生活でしたが、ある日一冊の本に出合います。それがサイバーエージェント藤田晋社長の書いた『渋谷ではたらく社長の告白』(アメーバブックス/幻冬舎)です。

この本には、サイバーエージェントの立ち上げ期のカオスな様子が書かれているのですが、それを読んで私は「ベンチャーの創業期で働いてみたい」と思ってしまったのです。ただ、そのときは転職する動機もきっかけもなかったので、その想いは胸に秘めていました。

ところがある日、リーマンショックが訪れます。求人広告を担当していた私は、世の中の多くの会社が求人をストップするのを目の当たりにしました。記憶が正しければ、前年比で70％も求人が減りました。

そのタイミングで私は「転職するなら今だ」と思いました。理由は二つ。世の中の多くの会社が求人をストップしているタイミングに、創業期で積極的に募集をしている会社は景気に関係なく伸びている会社だろうと思ったから。そして、このタイミングでは多くの人が転職することを控えるので、今動けばそういった将来有望な創業期のベンチャーが見つかり、かつ他のライバルとなる求職者もあまりいないのでチャンスだと考えたから。

ただ、創業期のベンチャーであればどこでもいいわけではありません。いくつか選考を受けて内定をもらった中で、私は自分が最も生きる「場所」はどこか、考えました。

当時の私は、自分の得意な能力や強みを活かしつつ、初めての挑戦ができる場所がいいと考えました。創業期のベンチャーやＩＴ業界は初めてです。一方、人材業界出身であり、営業であれば成果を出せるやり方は理解していました。

そして、人材領域の新しいサービスを運営するIT企業であり、専任の営業がまだいない会社であったリブセンスを選択することになります。

ここであれば、入社した瞬間から「強み」である営業においては会社でトップクラスです。しかも、自分がいた人材領域のサービスを手掛けているので、お客さんのニーズも分かっています。これなら創業期のベンチャーに入社してすぐに、ある程度は成果を出せると思ったのです。

これは狙いどおりでした。入社してまもなくリブセンスの営業活動を一任されるようになり、そこから徐々に未経験だったマーケティング、PM、SEO、インサイドセールスの立ち上げ、事業企画などを任せてもらえるようになりました。

また、リブセンスでも一つ、自分の強みを発見します。それは「初めての仕事でも70点までは早い」ということです。周囲には自分が担当する分野が変わると、なかなか身につくまでに苦労する人も少なくありませんでしたが、私はもともと経験があった仕事と初めてやる仕事の共通点を見つけて、それを手掛かりにしてコツをつかむ、概要をつかむことに関しては、そこまで苦労せずにできることに気づきました。

社員数が少なく、成長しているベンチャーだと、新しい仕事が社内に生まれても誰かがやることになるのですが、逆にいえばそういった環境にいたからこそ早いスピードで未経験の業務をやる状況になり、結果的に自分の強みに気づけたといえると思います。

「強み」×「場所」が爆速で成果を出すヒケツ

次の会社はDeNAです。実はこの選択はあまり「強み」×「場所」の方程式で考えておらず、私の中でも珍しい選択です。

当時、ソーシャルゲームが大流行し、一気に市場が勃興していました。それに伴って、DeNAをはじめとするソーシャルゲームの会社には各業界から名立たる優秀な人材が入社していました。そしてなぜか私は「今、日本でもトップクラスの優秀な人が集まる会社の中で自分の強みは活きるのか、試してみたい」と思うようになりました。

今までは自分の「強み」を把握し、それが活きる「場所」を必死に探して相対的に優位になるような選択ばかりしてきたのに、です。これは今になってもなぜ自分がそんな選択をしたのか明確に言語化できないのですが、そういうこともあります（笑）。

なんとかかんとか無事にDeNAから内定をもらったのですが、いくつか配属先の部署の候補がある状態でした。その提示された中で私が選んだのは、EC事業部門の新規開拓の営業担当でした。

当時、DeNAはソーシャルゲーム事業がすごい勢いで伸びており、ECは決して主力事業ではありませんでした。それでもその部署を選んだのは、まさに「強み」×「場所」が最大化できる場所だと確信したからです。

当時の私の強みは「テレアポ」「営業で自分が成果を出す方法を理解していること」「それを淡々と実行できること」そして「初めてのことでも70点までは早いこと」でした。そしてDeNA社内でその強みが最も活きる場所が、EC事業部の新規営業担当だったのです。

EC事業者は全国に点在するため、営業活動は電話で行います。また毎月の新規件数が目標になっており、結果が出るまでの期間が短い。淡々と毎日電話をするスタイル、そして初めてのEC事業であってもコツをつかむのに時間がかからない私からすると、入社していちばん早く結果が出る部署だと思ったのです。

DeNAでは、優秀だと思われると入社年次に関係なくすぐにでも昇格したり、異動したりなどがあります。なので、「一気に結果を出せば社内で仕事をしやすくなるに違いない」と考えていたのです。

結果は、入社して3カ月すべて達成して、いきなり部長に昇進することができました。まさに「強み」とそれが活きる「場所」を選んだことで成功した、分かりやすい例の一つだと思っています。

その後、自ら起業したり、キャスターというスタートアップ企業で取締役を経験したりしましたが、常に「強み」×「場所」を意識してきました。特に私の場合は「場所」の重要性を強く意識してきたと思います。

先ほどからいくつか私の強みを書いていますが、その強みが私よりも得意な人、私よりもできる人は山ほどいると思います。ただ、人の強みというのはあくまで相対的に決まるものです。

先ほども例に挙げましたが、コンサルティングファームでExcelやパワーポイントを使いこなすスキルを徹底的に鍛えた人は、コンサルティングファームの中では普通のレベルでも、別の会社に移れば神様のような扱いを受けるように、その人の価値や評価はあくまで「周囲の人との比較」で決まっています。

だからこそ、自分の強みが勝手に一番になるような場所を選ぶことで、その場所の中で圧倒的に頼られる存在になることができたりするわけです。

ただ、私が言う「場所」の定義は広く、事業でいうマーケットや市場のことも「場所」です。キャスターの例でいえば、リモートワークというのはまさに「場所」だととらえています。

どういうことかというと、リモートワークで会社を経営するという分野は誰もやったことがありません。つまり、その分野（＝場所）はライバルが誰もいない場所です。そういう場所であれば、自らがルールメイカーとして振る舞うことができますし、もっといえば常に自分が一番です。いずれ他の会社が参入してきても、その新たな参入者は私たちがつくったルールに則って新しく事業を始めたりするので、先駆者である優位性は変わりません。

このように、私は事業をつくるときや、会社を運営するときにも「強み」×「場所」というのを意識しています。

結果的に、今となっては「あ、リモートワークの市場をつくってきたキャスターの石倉さんね」と言われるようになったおかげで、この人は新しい市場を社会につくれる人だと思ってもらえるようになりました。

それも多くの人と違い、事業を行う際に誰もいない「場所」を探して、そこで勝負をするというやり方をとってきたことが大きいと思っています。

第4章

キャリアフィットを妨げる7つの落とし穴

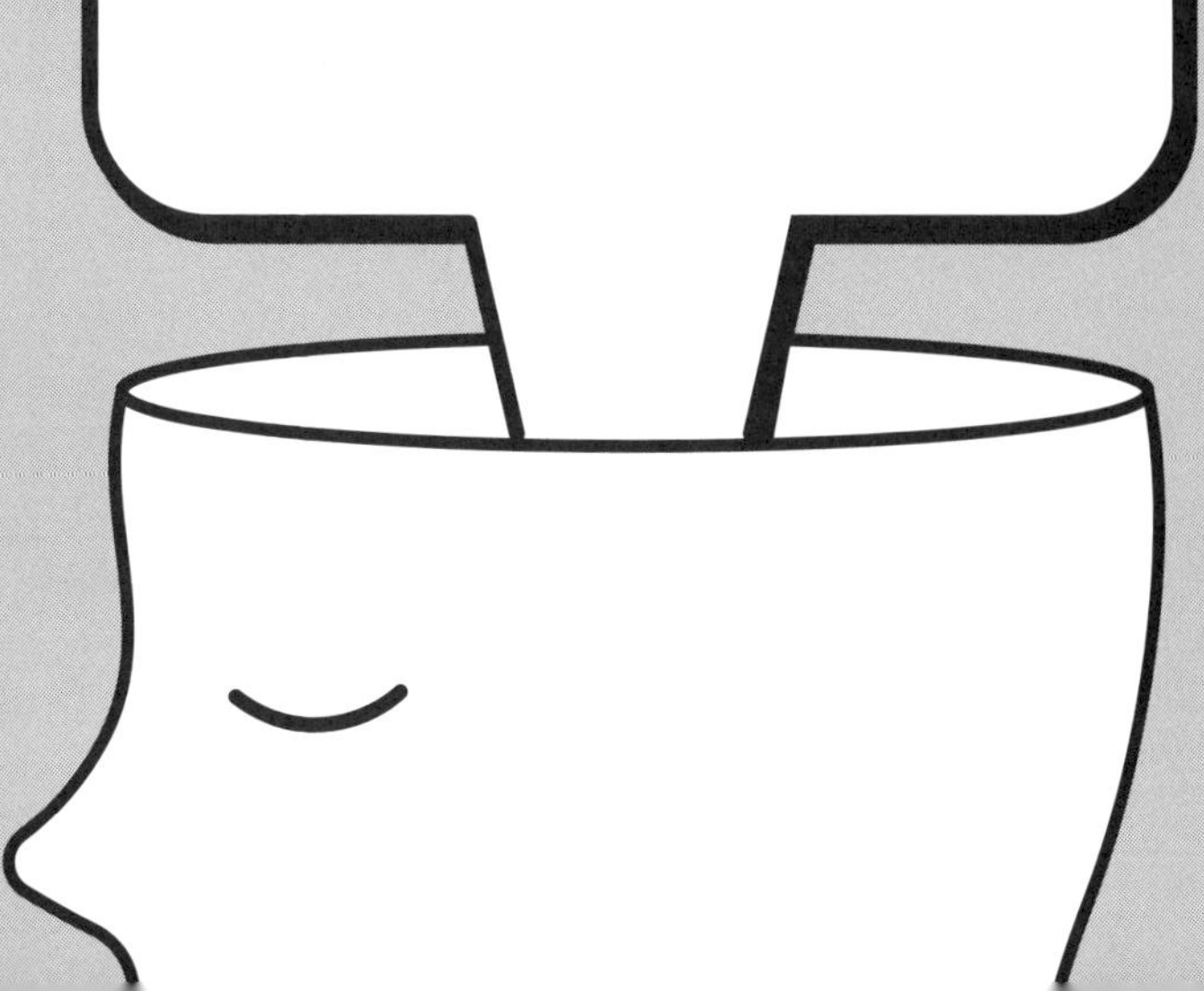

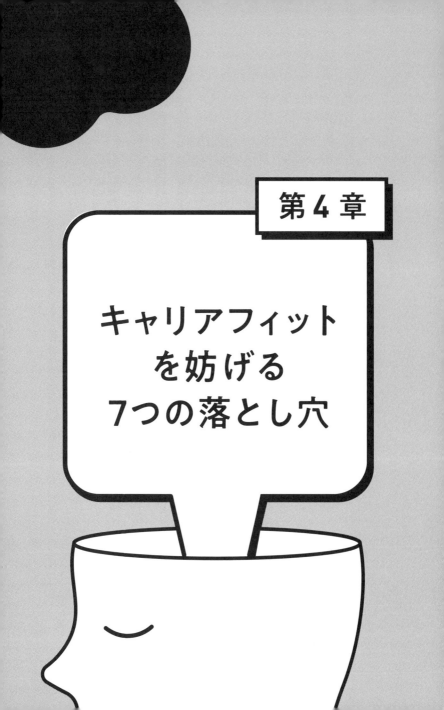

気をつけて！

キャリアの落とし穴にご注意

世の中で言われていることをフワッと信じてはいけない

本書の前半ではキャリアフィットの考え方、そしてその方程式である「強み×場所」について、それぞれ見てきました。

自分の強みを活かせる場所で成果を出すことによって、自分に適したキャリアを無理なく歩むことができる。「天職よりも適職を」という発想から、キャリアについて不安を感じたり、悩んでいる人たちの一助になればと思い、僕なりの考えを述べてきました。

改めて、キャリアというものを考えてみると、これまでの章のあちこちですでに語ってきたことでもありますが、世間一般でいわれている「キャリア」というものは、むしろ僕たちの不安をあえて掻き立てているような言説だったり、定義もあいまいなまま使われている言葉が多かったりするように思います。

「キャリアアップをしなければ」「スキルアップをしなければ」というフワッとした標語に煽られて、しゃにむに頑張ってみたけれども、悩みが晴れないという人が、今の時代、本当に多いような気がしています。

ここでは、本書の前半で語ったことを振り返りつつ、キャリアに関して考える際の、気をつけるべきさまざまな落とし穴についてお話しできればと思います。取り上げる落とし穴は、全部で次の7つになります。

- **落とし穴① 「キャリアはアップするもの」という強迫観念**
- **落とし穴② 「スキルでキャリア形成が有利になる」という誤解**
- **落とし穴③ 「転職エージェント」のマッチポンプ**
- **落とし穴④ 転職への過剰な期待**

・落とし穴⑤　競争社会の序列（で自分はだめな人間だと思い込む）
・落とし穴⑥　生存者バイアス
・落とし穴⑦　「仕事」そのものに対する幻想

改めて本書全体と照らし合わせながら、世間一般でいわれていることをそのまま鵜呑みせずに、自分なりに分析して、自分の実態と合っているのかどうか検証してみてください。

さて、本章での主張をかなり乱暴に一言でまとめるならば、「世の中で言われていることをフワッと信じてはいけない」ということになるでしょう。

最近、よく目にするのは、「これからは『個の時代』だから、どこでも通用するスキルを身につけなければならない」という常套句です。「グローバル化やIT化、AIの発達によって旧来の価値観が揺らぎ、これからは自分で新しい価値を生み出していける『個』の力が大事なのだ」と、まことしやかに説明がなされています。こうした言葉をよく検証もせずに、フワッと信じてしまい、「やばい！　副業を始めなきゃ」とか、「資格取らなきゃ」「スキルを磨きにプログラミングを学びに行こう」というように、急に焦り始める人も多いと思います。

そもそもよく考えてみれば、「個の時代」であることと、「どこでも通用するスキル」は論理的には何もつながっていないのではないでしょうか。そもそも「個の時代」の定義とは何か、これからの時代は「個の時代」だという見解自体、果たして正しいのかもよく分からないものです。

にもかかわらず、実際にこうした言説に煽られて、スキルアップしなければと行動に移した結果、特に自分のキャリアが変わったわけでもなく、不安だけが募っていく状態になってしまうわけです。そうした不安に陥らないためには、キャリアにまつわるさまざまな「常識」とされることを、一つひとつ検証していくほかにないでしょう。

落とし穴①

「キャリアはアップするもの」という強迫観念

「キャリアはアップするもの」という前提を疑う

さて、最初に改めて強く意識してもらいたいのは、キャリアというと、常にアップしていくことを前提に考えてしまっている点です。

第1章でも述べたように、「キャリアアップ」そのものがどういう状態を指しているのか、なんとなく分かるようでいて、実はあいまいではないでしょうか。いったいどうなることがキャリアアップなのか、明確にしないまま、「キャリアはアップするもの」だと強迫観念的に信じてしまっているのかもしれません。

かつてであれば、4年制の大学を出て、社格の高い大企業に就職し、人よりも高い給料をもらって、その中で出世し、役職が上がっていくことをキャリアアップとシンプルに呼んだのかもしれません。ある種の画一的なライフコースを、多くの人が夢見た時代だったともいえるかもしれませんが、今日では果たしてそれが本当に幸せかどうかは分からないだろうと思います。

僕も、もしそういう画一的なキャリアアップだけを考えるなら、DeNAにずっと勤めていたほうがよかったでしょう。DeNAでは営業から始まって、その後は営業責任者、新規事業担当、人事担当を務め、最後は部長でした。一部上場企業（当時）の部長職ですから、もう少し勤めていれば子会社の社長や、本社の執行役員にはなれたかもしれません。プロ野球球団を所有している会社の役員ですから、そのほうが世間的な「キャリアアップ」には適っていたでしょう。

けれども、会社員という立場は、次第に僕にとっては窮屈なものになっていましたし、もう少し自由に幅のある働き方をしたいと思いました。自分の特性から考えても、会社員として働くのは合わない気がしたのです。その後、独立し、フルリモートワークで会社を運営する株式会社キャスターの取締役に就任。現在は、同社が設立した働き方に関する調査・分析・研究を行うAlternative Work Labの所長を務めています。2024年2月からはSTEM（理系）分野のジェンダーギャップ解消を目的として活動する山田進太郎D&I財団という公益財団法人のCOOを務めています。

アップしたのかダウンしたのか分かりませんが、自分の強みやそれが活きる場所を探してきた結果だと思います。

分かりやすさに流されず、具体的に考えていく

漠然とキャリアはアップするものと信じてしまう背景には、皆、キャリアに対するモヤモヤとした不安があるからなのだろうと思います。しかし、そのモヤモヤとした不安も、基本的にはキャリアについてきちんと調べたり、考えたりしていないからなのではないでしょうか。

本書でも、キャリアについて「強み×場所」というシンプルな方程式を基に、なるべく分かりやすくお話ししてきたつもりです。しかし、それでもなお、キャリアはさまざまな要因や要素から成立している複雑なものだと思います。

強みと場所という視点で分解してキャリアを考えてみたり、強みをさらに分解してスキル・能力・特性から考えてみたりすることで初めて、どんな構造があるのかを理解することができるわけですが、独力でそれを行うことはなかなか難しいものです。内実がよく分からないため、全体として「キャリアアップ」とざっくりとした塊でつかみ取ってくれるような言葉を、信じざるを得ない状況に置かれているのかもしれません。

また後述するように、キャリアに関する語りの多くは、ひと握りの成功者の声ばかりが大きく取り上げられています。生存者バイアスが非常に強い言葉が多いのです。結論としては、その成功者がすごかったか、たまたま運が良かっただけで、それを再現できるかというと嘘になるでしょう。再現化できないということは、つまり体系的に語りづらいということですから、やはりシンプルなメッセージになりやすい。そして、過度に単純化したほうが多くの人には伝わりますから、「キャリアアップ」の言説ばかりが、世間には駆け巡っていくわけです。

ですから、まずは、そうした分かりやすいようでいて、よく考えてみると結局、何を言っているのかよく分からない、フワッとした言葉を鵜呑みにしないことです。そして、自分の強みを分析し、その強みを活かせる場所を探すことから、着実に始めるべきだと思います。そのように足を地につけて、一歩一歩考えていくことが、漠然とした不安をかき消すためのヒントを与えてくれるのではないでしょうか。

落とし穴②

「スキルでキャリア形成が有利になる」という誤解

根深いスキルアップ信仰

また、世間には、「キャリアはアップしなければならない」という思い込みに付随して、スキルを身につければ人生が変わるという「スキルアップ信仰」のようなものが横たわっているような気がします。

それはほとんどの場合、極端な例でしかありません。「スキルを身につけたら、それが大成功して、その世界で生きていけるようになりました」というのは、あくまでもほんのひと握りの意見でしょう。

実は、そういう人はもともと、それだけの強みを持っている人だったのではないでしょうか。

例えば、資格の数だけ多くてもその分、年収が上がったというような人はあまり聞かないと思います。弁護士など難易度が高く、希少性もあり、マーケット的に価値の高い資格であれば別です。けれども、日商簿記2級とか簿記3級の資格を取ったとしても、それを取得したからといって年収アップ、あるいはキャリアアップにつながるかというと、かなり微妙な話です。

もちろん、大手であれば、資格を取れば給与にプラス3000円とか特別手当を出すところもありますので、一概には言えませんが、資格を取れば必ず優遇されると思ったら大間違いです。けれども、自分のキャリアのことを考えて、まず資格を取りに行くという人はかなりの数にのぼるでしょう。

そうした「資格を取れば優遇される」「資格があれば自分の強みになる」という安易な考え方の背景には、やはりキャリアに対する不安があるからなのかもしれません。「このまま働いていて、自分の給料は上がっていくのかな」とか、「周りと比べて自分は評価されているのかな」という不安、あるいはもっと自己実現的に「何者かになりたい」という漠然とした不安に突き動かされて、明確な目的もないまま、つい資格取得に走ってしまう。

そういう意味では、どこかこうした資格ビジネスには、人のコンプレックスにつけ込んで展開される部分もあるのかもしれません。

落とし穴③

「転職エージェント」のマッチポンプ

転職エージェントを利用する前に

キャリアに関するあいまいな言説の流布は、人材業界や転職業界においても深刻です。先ほどのように「スキルを身につけていなければならない」、「35歳が転職の限界だ」というような、まことしやかに言われる業界の「常識」は、多くの場合、業界にとって都合のよい文句で彩られがちです。

僕自身、人材業界にいたこともあり、よく分かるのですが、「35歳が転職の限界だ」

という決まり文句は、基本的には企業側の意見をそのまま反映したものに過ぎません。企業側としては、若くて長く働いてくれる人を採用したいからで、35歳以上だとなかなか書類が通らないというだけの話です。

転職エージェントや人材エージェントの多くは、いわば各企業の代理人に過ぎません。基本的には企業側が求める採用条件しか見ていないのです。あなた個人のキャリアについて、親身になって考えてくれるかといえば、実はそうでないと思います。

そうしたエージェントに面接に行くと「今のままでは紹介できる仕事はありません。全然、スキルが足りませんよ」「経験もないんですね」「年齢から考えると難しいかもしれません」というようなことを言われて、結局、自信を喪失して帰ってきた、なんていう体験をしたことがある人も少なくないのではないでしょうか。

多くの場合、経験やスキル、年齢を理由に、今まで自分が働いていた職種や業種と同じ他社の求人を紹介され、勧められるだけです。

基本的に人材紹介のビジネスモデルとは、転職が成功して初めて成果となり、そこに金銭が発生するようになっています。ですからエージェントとしては、転職が成功しやすいような進路を、顧客には進んでもらいたいと考えているわけです。転職が成功しやすい進路といえば、先に述べたように、職種・業種は変えずに他社に横すべりで転職してもらうのがいちばん簡単で、いちばん手軽なのです。

例えば、保険の営業職を3年やってきて、それなりの実績もあるという場合、Aという保険会社からBという保険会社に移るならば、書類も面接も通りやすいでしょう。人材を求める企業側としても、同じ経験がある人のほうが扱いやすいし、即戦力になるだろうという見通しもあるので、そうした求人が多くなるのもよく分かると思います。

このようなキャリア業界の裏事情のようなものがあるため、人材紹介会社や転職エージェントに相談した時点で、キャリアの横スライド的なルートに乗りやすくなり、そのハード条件に適わない人は、最初の段階ではじかれやすいのです。人材紹介のビジネスモデル上、転職成功の確率が低いと相手にされないケースがあります。

つまり、彼らのビジネスモデルを冷静に考えてみると、そもそも異業種に転職させるメリット、チャレンジさせるメリットというものがないのです。

他社に移っても、ただ横にスライドしただけで、本来ならキャリアアップしようと思って転職したにもかかわらず、前の会社に勤めていた頃とほとんど変わらないなんてことは、通常の転職エージェントのビジネスモデル上、よくあることなのです。その結果、キャリアに対するモヤモヤが晴れないまま、転職を繰り返すなんてことになりかねません。しかし、それはただ単に、その人が、人材紹介のビジネスモデルに合わないだけでしょう。しかし、こうした転職エージェントに自分を委ねてしまうだけで、その人はキャリア弱者になってしまいます。

残念ながらこうした転職エージェントや人材エージェントには、個人のスキルを上げたりするような力はありませんし、その人の「強み」が活かせる「場所」をなんとかして見つけようと、親身に動いてくれるなんてことはありません。ベルトコンベア式に、企業からのハード条件に合う案件だけを提案するのが基本なのです。だから企業側の意向である「転職は35歳まで」というような不安を掻き立てる言葉を使って、転職を促すのです。まさにそれはマッチポンプのようです。

ですから、本当の意味で、あなたに適したキャリアというものは、エージェントを頼りにするだけでは見えてこないのではないでしょうか。

もっと言ってしまえば、全体の転職者数の中で、キャリア・エージェントなどの人材紹介サービスを用いて転職している人は、実は5％ほどでしかないのです。結局、転職者で最も多いのは、ハローワークと知人の紹介です。一般に多くの人が抱いているほど、そうしたエージェントのシェアは高くないのです。つまりそうした転職エージェントを頼った時点で、シンプルに相談先を間違えているのだと思います。

落とし穴④

転職への過剰な期待

転職と変身願望

「キャリアアップのために最初の転職を考える」というのも、キャリアの落とし穴になりうる発想です。本書でも場所についてお話しした際に、転職よりも異動をお勧めしました。異動のほうがリスクもコストも少ないと考えるからなのですが、多くの人は転職によって、何か自分のうまくいかないモヤモヤが一挙に晴れるように考えているのではないでしょうか。

今の仕事に満足できず、モヤモヤを溜め込んでいる人は、転職して場所を変えれば、満足度が改善されるのではないかと漠然と考えている人が多いように思います。5点満点の満足度で、今の職場が2点だとすると、転職すれば3〜4点くらいまでは上がるのではないか、と漠然と考えているのかもしれません。

自分の強みとは何か、どんな場所なら自分の強みを活かせるのか、こうした具体的な問いをすべて飛ばしてしまって、「とにかく場所さえ変えれば、うまくいくはず」、「転職すれば自分の生活は一変する」という変身願望は、転職に対して過剰に期待を持ち過ぎているようにも思います。

「ハネムーン効果」という理論がありますが、付き合い始めのカップルや新婚ほやほやの夫婦のように、人は新しい状況に置かれたときに一時的に高い好意や満足度を示します。ハネムーン効果はあくまでも一時的なもので持続はしません。一定期間経過すると、次第に好意や満足度は薄れていきます。

転職においても、新しい職場に移った直後は、新鮮な気持ちでいられますし、仕事への満足度も上がります。実際に満足度は4点くらいまで上がるかもしれません。しかし、やがて半年も経たないうちに元の2点に戻ってしまうのです。転職による満足度は、ハネムーン効果のように、最初の新しい刺激に基づいたものに過ぎなかったというわけです。転職するごとにハネムーン効果を繰り返して、自分のキャリアへの不安や不満が一時的に解消されたとしても、根本的な課題は解決されないままのため、常にモヤモヤが残るということになります。

やはり、問題なのは、自分が感じているキャリアに対する不安を、漠然としたまま放置してしまっていることだと思います。問題が漠然としたままだと、その解決方法も漠然としたものになります。結果、「転職によって場所を変えれば、すべてが解決する」というように、過剰なまでに転職に期待を持ってしまうのです。それでは問題の根本的な解決にはならないでしょう。そもそも、自分の不安が、「問題」にすらなっていないように思います。本書でこれまで語ってきたように、自分のキャリアに対する不安がどこから来るのか、現在の場所に対する不安や不満をより明確に言葉にできるようにしていきましょう。まずは自分の不安や不満を「問題化」することが重要です。そして、そうした問題を具体的にどう変えることで解決できるのか、一つひとつ細かく分けながら、考えていきましょう。

「転職すること」と「転職活動をすること」は違う

また、転職に過剰な期待を寄せるあまり、逆に「失敗できない」と思い、なかなか転職に踏み切れないという人もなかにはいるのではないかと思います。

しかし、現状の仕事や職場について、モヤモヤしているのならば、まずは動き出したらいいのではないかと思うのです。

面接を受けたからといって、必ず転職しなければならないわけではありません。いろいろ動いてみた結果、やっぱり今の職場に残りますという選択をしてもいいはずです。つまり、「転職すること」と「転職活動をすること」はイコールではないということです。

実際に動いてみると、キャリアに関する生きた情報を得ることができますし、面接でさまざまな人と話すことで、自分のモヤモヤとした不安がより具体化され、はっきりしてくることもあるでしょう。その中で、「この職場、いいな」と思ったり、「この仕事はあんまりしっくりこないな」と思ったり、さまざまな気づきがあるのではないでしょうか。

近年、「タイムパフォーマンス（タイパ）」という言葉をよく目にします。人生の時間は有限なのだから、タイパを重視しなければならないというわけですが、そのため、「転職しないかもしれないのに、転職活動するなんて、タイパが悪すぎる」と考える人もいるかもしれません。転職でいちいちつまずいている暇はないから1回で済ませたいのでしょうが、そのために躊躇して何も動かないのであれば、それはそれで本末転倒だと思います。

悩んでいる暇があるのなら、まずは動いてみるというのも重要なことなのではないでしょうか。

落とし穴⑤

競争社会の序列（で自分はだめな人間だと思い込む）

ピラミッドの頂点を目指す戦い方はしない

キャリアに関する話題の中では、「キャリアアップ」という言葉とともに、「市場価値を高めよう」という語りがよく聞かれます。そして、市場価値を高めるために、自分の強みを高めようと、スキルアップに励むというわけです。「市場価値を高めよう」という言葉は、先にお話しした落とし穴の一つであるスキルアップ信仰とも連動しています。それゆえに、「キャリアアップ」という言葉と一緒で、「市場価値を高めよう」という語りは、ある種の「呪いの言葉」ではないかとも僕は思うことがあります。

多くの人が市場価値を高めようと思うのは、それが収入アップに直結するからだと見なしているからなのかもしれません。しかし、よく考えてみると、年収の高さと市場価値の高さは、まったくイコールの関係ではないのです。年収の高さとは結局、勤める企業の給与テーブルに左右されることが多いのではないでしょうか。

例えば、優秀なエンジニアを採用したいと考えている企業があるとしましょう。提示できる最大年収は、800万円ほどです。他方、世界的なグローバル企業、例えばGAFAクラスになれば、優秀なエンジニアに与えられる年収は2000万円以上になります。

結局、どこで働くか、場所によって年収は変わるわけですから、ただ「市場価値を高めよう」と言っても、がむしゃらにスキルを上げて、他人と競争すればよいというものではないと思うのです。

「強み」についてお話しした際に、強みは絶対的な価値ではなく、あくまでも相対価値だと述べましたが、市場における価値も、基本的には相対的なものです。

仮に日本中の営業職の人々を集め、「営業力」で1位からズラッと並べたとすると、上位100位以内に入るだけでも相当に優秀な人たちでしょう。けれども、1位～10

位の人を集めた会社に100位の人が入ったとしたら、その会社では、100位であることのアドバンテージは無に等しくなってしまいます。しかし、200～300位くらいの人が集まる会社では、彼は最も優秀な営業マンになれるでしょう。

「強み」だけを上げようと思っても、人それぞれ、限界値というものがあります。繰り返し本書の前半でお伝えしてきたように、「強み」だけで勝負しようとする人は、むやみに競争社会の序列という尺度だけで自分を推し量り、「どこ」で自分は戦うのかという場所への発想がおろそかになっているのだと思います。ですから、市場価値を高めていくということは、結局、自分を苦しめることにしかならないように思うのです。

つまり、自分と同じような強みを持つ人と競い合うのではなく、自分の強みをそのまま活かすことができる場所を探して、自分を評価してくれるところで、結果を出していくほうが、僕ははるかに幸せなのではないかなと思うのです。無理に他者を蹴落としてピラミッドの頂点に立とうとするのではなく、自分が普通だなと思っていることでもそれに価値を感じて、喜んでくれるような人がいる場所に行くことのほうが、ずっとキャリアは豊かなものになるのではないでしょうか。

落とし穴⑥

生存者バイアス

「好きなことで生きていく」は結果論

よくキャリアについても、「やりたいことを仕事にする」とか、「やりたいことをやったほうがいい」なんて言われることもあります。しかし、本当にやりたいことをやってうまくいっている人なんて、ほんの一握りなのではないでしょうか。にもかかわらず、そうした人の声はやたらに大きく、逆に失敗した人の話はあまり出てきません。やりたいことをやってうまくいかなかった人は、もっと世の中に多いはずなのです。

「小学生の将来なりたい職業ランキング」では、YouTuberが4年連続1位だそうですが、実際にYouTuberで稼げている人はほとんどいないわけです。現実を見れば、収益が発生する登録者1000人以上を達成しているYouTuberは全体の15％ほど、さらにその収益で食べていける人は上位数％いるか、いないかの話でしょう。ですから「やりたいことをやって、うまくいった」というのは、結果論でしかありません。そういう人たちの声ばかりが大きく聞こえるというのは、結局、「生存者バイアス」がかかっているのだと思います。

このように結果的にうまくいった人のキャリアが、他の人のケースに当てはまるかというと、そうではないでしょう。これもまたキャリアに関するその他の言説と同じで、「やりたいことをやる」といっても具体的にどうすればよいのか、内実はあいまいなまま、聞こえのよいシンプルなメッセージばかりが、社会に流布してしまっている、と言えるでしょう。

また、「やりたいことをやったほうがいい」という言葉の背景には、仕事に「やりがい」や「生きがい」を求めるような風潮からのバイアスもあるのだろうと思います。

落とし穴⑦

「仕事」そのものに対する幻想

仕事は生計を立てるのが第一義

仕事に「やりがい」や「生きがい」を求めるなど、仕事を通じて自己実現を叶えようとする人は、自分がやる仕事は「天職」でなければならないという強迫観念にとらわれているのではないかと思います。そこには仕事に対する「幻想」があり、これもまた、「やりたいことをやったほうがいい」とか、「好きなことを仕事にしたほうがいい」という語りなどと同じように、ある種の成功者バイアスであり、「呪いの言葉」ではないでしょうか。

しかし、本当に仕事だけが、自己実現の道なのでしょうか。なぜ、仕事だけを生きがいと考えなければならないのでしょうか。

逆に、そこまで「やりたいこと」も「好きなこと」もない人を、追い詰める結果にしかなっていないのではないかと思います。そうであるならば、無理にやりたいことや好きなことを仕事に合致させる必要はないでしょう。

だから、もっと自分の気持ちに素直になることのほうが、とても大事だと思います。欲求を明確にすることが重要だと第2章でも述べましたが、「年収を上げたい」というのも、非常に素直な欲求だと思います。仕事に変な幻想を持たずに、「生活費を稼ぐための手段」くらいに考えるのも全然悪いことではありません。むしろ仕事をする理由としては、当然のことではないでしょうか。それを変に「やりがい」とか「生きがい」という言葉でごまかさないほうがいいでしょう。

事実、「やりがい」「生きがい」と言いながら、仕事がつらくて辞めるときの理由は、「やりがい」「生きがい」がないことよりも、人間関係に困っていることが大半だったりします。

ですから、仕事に何を求めるかということに、自分の中で変なタブーをつくらずに、もっと自分の気持ちに正直になることが大切です。素直になった結果、「年収」に振り切って仕事を選択するのもまったく問題ないと思います。年収に振り切った結果、自分が生活するうえでどれくらいのお金が必要になるかだんだんと分かってくると思うのです。転職する際に、年収が下がらないかどうか心配だという人は、最低どれくらいのお金があれば大丈夫なのか、意外と明確に分かっていない場合も多いのではないかと思いますから、それを見極める意味でも一度、仕事の目的を年収に振り切ってみるというのも有りではないでしょうか。

いずれにしろ、多くの人が人生に対して仕事の比重が大き過ぎるのではないかと思います。過剰に仕事に期待していると言ってもよいかもしれません。5点満点中5点を取らないといけないと思いがちなのです。「仕事だから多少大変なことがあるのは当たり前として、人間関係はとてもいいし、その点でストレスを感じないのはいいな」くらいで、そこまで仕事に「生きがい」や「やりがい」といった幻想を求めなくともよいのだと思います。5点満点中3点くらいで、2点台にならなければいいかなくらいの満足度でも十分なのではないでしょうか。

第5章

多様化するキャリア

展望！

現代人のキャリアは無限大

人それぞれ違うようにキャリアのあり方も違っていい

僕が取締役を務めていた株式会社キャスターは、800人のメンバーのほぼ全員が、リモートワークで仕事をしています。現在の日本企業の中では珍しい試みだということで、これまで各種メディアから多くの取材依頼をいただきました。

注目してもらえることは率直にうれしいのですが、他方で「社員全員がリモートワークの会社」という点ばかりが強調され、一人歩きしているようでもあります。そのため、変わった会社が変わった取り組みをしているに過ぎないと思われている一面もあります。リモートワークという「特別な働き方」でも支障なく成果を出せる非凡な人たちを集めただけで、そう簡単には真似できるはずがないと考える人もいるかもしれません。

けれども、キャスターで働く人たちは、ごく普通の経歴の人たちです。リモートワークに向いた特別な才能があるというわけでもありません。ただ、さまざまな理由からリモートワークをする職場を選び、またみんなで成果を出し合って、現在のかたちにまで成長してきました。

これまで、多くの企業では社員みんなが同じ時間、同じ場所、同じ雇用形態で働くことが一般的だと考えられてきたのだと思います。新卒で一括採用され、仕事に対する価値観も会社との関係性も同じようなかたちが求められていた。だから、全社員がリモートワークという発想自体、最初から想定になかったのかもしれません。そのような仕事に対する画一的な考え方が、これまでのキャリアの前提にもなっていたのでしょう。

しかし、今日では、生き方も働き方ももっと多様であると考えられるようになってきました。今まで「みんな同じ」と決めつけられてきたことも、本当は「みんな違う」

と分かってきたのだろうと思います。そうした多様な働き方の選択肢の一つとして、キャスターのようなリモートワークがあるのです。

働き方のルールが変わってきているならば、キャリアについても、もっと個々人に合わせた多様なものであるべきです。役職が上がり、年収が増えることをキャリアの根幹に据える人もいれば、仕事はあくまでも最低限の生活費を稼ぐ手段で、もっと家族と一緒にいる時間を増やしたいと考える人もいます。それぞれに適した、それぞれのキャリアがあるのだと思うのです。

男性と女性でキャリア形成が違った時代とこれからの時代

「みんな違う」と分かってきたと言いながらも、まだ企業も人々の意識も、かつての画一的な決めつけから脱し切れてはいないのも事実です。

例えばキャスターの社員は、男女比でいうと現在1：9、で圧倒的に女性のほうが多くなっています。業務委託でチームリーダーをしたり、フレックス勤務ができ、時短で働く人もたくさんいます。

キャスターでの働き方の話をすると、男性の中には必ずといっていいほど、「いい会社ですね。妻に勧めたいです」と言う人がいます。キャスターの社員の男女比も併せて考えると、男性は無意識のうちに、「リモートワークは女性がするもの」とか、あるいは「子育て中のママがやるもの」と考えているのではないでしょうか。要は週5日、オフィスに出社して勤務する正社員が「働き方」の「主」であり、「リモートワーク」は「従」に過ぎないという発想です。いざ、子どもが生まれたとき、自分がリモートワークや時短勤務に変えようと思う男性は、まだまだ多くないでしょう。

残念ながら、女性の多くは結婚や出産、子育て、介護などライフステージの変化によって、自分のキャリアも働き方も変化せざるを得ないのが現状です。そのため、キャスターに応募する人も、女性が多いのかもしれません。

特に日本では、まだまだ「男性と仕事」「女性と家庭」をセットにして考える傾向が強いと思います。育児休業を取得する男性も少しずつ増えてきましたが、相変わらず「戻ってきたときに君の居場所がなくなるかもしれないよ」と上司から囁かれることもあるそうです。また、全国に支店を持つような企業は、転勤できない人は総合職から外されてしまい、出世コースに乗れないという話もよく聞きます。いまだに昭和の頃のような「夫は仕事、妻は家事」というモデルを引きずっているように思えます。
しかし、2020年の国勢調査でも、夫婦共働きの世帯は69・2%と、全体の約7割を占めています。それだけ女性の社会進出が進んでいるにもかかわらず、「妻は家事」という前提がまかり通っているのです。

こうした前提ゆえに、男性は、女性に比べて、自分の働き方やキャリアを見直さなければならない局面に出くわすことは、これまでほとんどなかったと言えます。新卒で入った会社に勤め続けて、定年退職までずっと働き方を変えないのが一般的でした。定年まで「勤め上げる」ことが大事と考えられていたのです。

しかし、近年は社会そのものの変化を受けて、女性が働きやすい職場にするために、大企業を中心にさまざまな制度が整備されつつあります。今後は男性も女性も、性別に関係なくもっとフラットに柔軟に働ける社会をつくることが重要であり、またそれに応じて、各人に適したキャリアのあり方を選択できることが、本質的に求められるのだと思います。

男性の働き方が変われば、女性の働きやすさもきっと変わるでしょう。男性のキャリアのあり方が変わるならば、女性のキャリアのあり方も変わるはずです。男女で差が出ることのない、キャリアフィットのあり方を求めるべきだと思います。

仕事とキャリアの関係

先ほど、毎日出社する正社員が「主」で、リモートワークは「従」に過ぎないという発想が前提にあるのではないかと述べましたが、正規雇用の正社員と非正規雇用の派遣社員・パートタイマー、アルバイト、あるいは独立したフリーランスについても言えることだと思います。

あくまでも正社員が「主」で、それ以外の非正規雇用者は「従」という発想も、まだまだ根強いものだと思います。だからこそ、一度、非正規雇用者、あるいはフリーランスになると正社員には戻りづらい現実が、事実としてあるのでしょう。非正規雇用の人たちが、正社員になろうと、人材会社に登録しても、その入り口の書類審査の時点ではじかれてしまうことはよく聞く話です。

まるで、正社員であることは特権階級のようになっていますが、本来ならば、その人のスキルや能力は、雇用形態とは関係ないはずです。にもかかわらず、今日では働き方とキャリアプランがセットで扱われてしまっています。もちろんこれらは、企業など雇用する側の問題なのですが、キャリアフィットを目指す側にとっても、こういう現状があることをきちんと知っておかなければなりません。また、そうした社会の前提に無理に合わせるのではなく、働き方とキャリアプランを切り離して、もっと自分の強みを楽に活かせる場所や働き方を選ぶようにすべきだと思います。第4章の最後にもお話ししましたが、仕事に変な期待をせずに、「たかが仕事」と考えられれば、僕たちのキャリアはもっと簡単で、もっと楽なものになるのではないでしょうか。

僕は「仕事以上に『ライフ』を充実させることが重要だ」と言うことがあります。ここで言う「ライフ」とは仕事以外の時間のことです。リモートワークによって、時間的余裕ができたことからライフを充実させた人にこれまで何度も会ってきました。ビジネスをめぐる業界には、仕事を人生の目的のように考えやすい言葉や主張が溢れていますから、つい僕たちは仕事を重いものとして考えがちです。けれども、僕たちの人生は当然、仕事だけで占められているわけではありません。その意味でも、キャリアフィットは、自分のライフを充実させることを主眼に置きつつ、仕事というものに向き合ってもらえたらと思います。

第4章の170ページから172ページでは、僕が本書でこれまで語ってきたキャリアフィットの考え方にどうやってたどり着いたのか、自分の経験を振り返りながら、お話ししました。僕がこれまでの自分のキャリアの中で、その都度考えてきたこと、やってきたことは、本書で語ってきたキャリアフィット的な生き方につながっているように思います。読者の皆さんが、自分にフィットするキャリアを発見するためのヒントになれば幸いです。

「素直に、シンプルに」が大切

「できること」「得意なこと」から考える

本書でも繰り返し述べてきたとおり、キャリアに関してはさまざまなことが言われています。あまりに多くの情報があるために、あるいは情報が溢れているからこそ、本当に自分に必要な情報が何なのか、結局分からないまま、分かりやすいフレーズやキャッチコピーに煽られてしまうことが多いと思います。そういうフレーズの一つが、繰り返し検討してきた「キャリアアップ」の言説です。

人はどうしても、自分の人生で見た中で最もレベルが高い人が、世の中でも一番だと勝手に認識してしまうことが多いと思います。

自分が見た中でトップの優秀な人たちが、社会の中でも優秀だと考えやすい。けれども、本当は上には上がいるわけです。ですから、同じスキルや強みを持っている人の中で一番になるということは、本当に難しいことなのです。それは誰しもが目指せるようなものではありません。そうであるならば、自分が生きる場所を見つけて、そこで成果を出していくほうが、よほど充実した生活を送れるのではないでしょうか。

こういう考えが自分の中で明確になってきたのも、前節で述べたように、僕自身がそういうキャリアの選び方をしてきたからだということもありますが、人を評価したり採用したりする側を経験する期間が長かったということもあると思います。また人材系のマーケットにずっといますから、マーケット全体のバランスが分かるという点も大きいでしょう。

評価される側と評価する側、さらにその全体を俯瞰するという3つの目線を僕自身が持っているから、キャリアの選び方について、さまざまなアドバイスができるのではないかなと思うのです。

友人の中でもとても優秀な人が、「なんでそんな会社に行ったの？」という場合もあります。

案の定、そういう人は半年後に会社を辞めたりしている。そういう人はせっかく強みがあるのに、その自分の強みをあまりよく理解していないし、その強みをどんな場所で活かせるのかも分かっていないのだと思います。それは仕事ができるかどうかとは別の問題です。

ただ、場所の選び方として勘違いしてほしくないことがいくつかあります。「働いている人との相性が良かった」とか「会社のビジョンに共感した」とか「好きなジャンルの商品を扱っていた」とか、もちろんそれは大事だとは思います。「嫌いな人と働くのは嫌だ。気が合う人と働きたい」と思うのも、それはそうだとも思いますが、それはあくまでも個人の好みであって、その個人の好みが合うかどうかと、個人の強みが輝くかどうかは同じ話ではないということです。しばしばこれが混同されがちです。

それは採用側のミスでも結構多く、特にスタートアップの会社だと「ビジョンへの共感度が大事だ」という言説が非常に強く、スキルや能力はさほどないのに、ビジョンに共感してくれる人のほうがよく見えてしまって、実際にその人の強みがこの会社で活かせるのかどうかは度外視して採用してしまう、というケースをよく聞きます。

その働く場所に共感できるか、少なくとも共感とまではいかなくとも嫌ではないか、働いている人が心地よいかどうかというのは、ある種のネガティブチェックの水準でしかないと僕は思っています。なかったらアウトだけど、あったとしてもすべて合格になるかというと、そうではないわけです（ビジョンを明確化しているような会社というのは、そもそもスタートアップの会社に多い、という現実もありますが）。

しばしば勘違いされやすいのですが、本書で述べてきたキャリアフィットの考え方は、好きなことを仕事にすることではありません。自分の好きに素直になることはよいのですが、それが仕事としてうまくいくかどうかは、好きであることとは関係ないところで決まっています。そのために、自分の強みとは何なのかを理解すること、そしてその強みを活かす場所はどこかを考えることを、キャリアフィットの根幹に据えて、お話ししてきました。

「好きなことを仕事にしたほうがいい」「やりがいを持って仕事をしたほうがいい」というような、キャリアにまつわる耳に心地よい言葉に右往左往するのではなく、もっとシンプルに考えてみてはいかがでしょうか。

そもそも、「やりたいこと」と「できること」、「好きなこと」と「向いていること」は違います。仕事が人生のすべてではありません。自分に何ができるのか、自分は何に向いているのかを、強み×場所の方程式から、もっとシンプルに考えてみていただけたらと思います。

無理に転職しなくても「幸せなキャリア」はつくれる

また、一方でキャリアを変えるために、転職ばかりに過剰な期待をしていることが、逆に転職への不安を助長しているような気もします。キャリアについてあまり遠くを見過ぎず、自分の足元から着実にワンステップを踏み出すほうが、そうした不安も和らぎやすいのではないでしょうか。

転職は大きく環境を変えることになりますから、人間関係や仕事の進め方など一気にさまざまな変化に対応しなければなりません。それが不安だという人は、転職という選択肢を選ぶ前に、会社員なら社内での部署異動をしてみるというのも、一つの手だと思うのです。部署の異動だけではありません。部署内でもチームを替えてもらうとか、プロジェクトリーダーを任せてもらうなんていうこともできると思います。あるいは今の部署にいながら、他の部署の手伝いをしてみることも、よい経験になるかもしれません。ちょっとした働き方の変化でも、自分に適した場所を見つけるためのヒントになります。今の時代、副業だって重要なきっかけになるでしょう。収入が目当てではないのならば、NPOなど自分が興味を抱く活動をしている団体に参加してみることだって、最初の一歩としては十分だと思います。

そうした小さな一歩を踏み出す際に、ついこれまでやってきた経験やスキルを活かそうと思い過ぎてしまうと、またそれがやらない理由になってしまいます。ある程度のキャリアを築いてきた人は、どこかここまでやってきたことの延長で次のキャリアもステップアップしていかなければならないと思いがちです。そのことが行動を起こす際の足かせになってしまうのならば、そんなことは考えないほうがよいでしょう。興味があるならば、まずやってみる。それでよいのではないでしょうか。

また、実際にそういう小さなステップを繰り返して、自分に適した場所を見つけた人がいます。

僕の知り合いで、産業保健師という仕事をしている女性がいるのですが、彼女は大のコーヒー好きです。いずれコーヒーに携わる仕事をしたいという漠然とした思いがありました。けれども、いきなりコーヒーショップに転職しようとか、そういうことは考えていませんでした。

そこで、彼女が何をしたかというと、まずコーヒーが好きだから、自分の好きな豆や、いいなと思う豆を職場に持ってきて、みんなに振る舞うというところからスタートしたのです。それが職場で評判になり、彼女がコーヒー好きであるという認知も周囲に広まりました。自分が選び、淹《い》れたコーヒーで、みんなが喜んでくれることも分かりました。

次に、NPOなどが主催するボランティア活動で、ホームレスの人たちに炊き出しをするという会に彼女は参加します。そこで、NPO団体が提供する食事と一緒に、彼女は自分で淹れたコーヒーを振る舞うことにしたのです。それがまた好評で、彼女の自信につながりました。

そうして、町のイベントなどへ出店してみようという気になりました。ただ、コーヒーだけではお店としては弱いかもと考え、自分が保健師である強みを活かして、健康診断の結果を持ってきてくれたら、それに合わせたアドバイスをしますというブースをつくったのです。そして、結果待ちをしている際に、コーヒーを振る舞うということにしました。

こうやって人にコーヒーを振る舞うという経験を、仕事をやめることなく、少しずつ積んでいき、夜はバーとして営業している店舗を、休日の昼間だけ借りて、実際に喫茶店を限定的に開いてみるまでになりました。こうして彼女は、実際の店舗運営を経験していきます。

そして、事態は面白い方向へ進展していきます。彼女がずっと通っていた喫茶店があったのですが、そこのオーナーが高齢のため店を引き継がないかという話になり、とうとう本当に喫茶店をやるようになったのです。

彼女が保健師から喫茶店経営者になったのは、本当に身近なところから、自分の興味に従って少しずつステップを踏んでいった結果です。リスクも不安も付きまとう大きな一歩よりも、少しずつ自分の人生の充実を求めていった結果、自分に適したキャリアの道をたどっているというのが、僕が考える幸せなキャリアです。

もちろん、その保健師さんの例はあくまでも一例に過ぎませんし、保健師というそれまでのキャリアを活かしながら、うまく自分にフィットした環境を手に入れることができた成功例です。

まだ学生でこれから就活を始めようとする人。今、キャリアの半ばにあって職場に不満や不安があり、転職も少し選択肢の視野に入っているという人。キャリアのあり方とは、本書を読む皆さんの数だけあるものだと思います。

しかし、本書で語るキャリアフィットの考え方を知っておくことは、どんな場合においても自分の選択肢の幅をより広げてくれると思います。

大きな一歩を踏み出すよりも、スモールステップで、自分の強みに適した場所を探していく。そんな行動のヒントを得ていきましょう。

お金の不安から脱するシンプルな考え方

キャリアを考えたときに、いちばんにお金について不安に思う人も多いと思います。「転職したら収入が下がるかも」「独立してフリーランスになったら、食べていけるかどうか心配」という声もあれば、「出産後も以前と同じように働けるかどうか不安」

というような社会的な問題も含めた不安の声もあるだろうと思います。

ただ、お金のことについても、もっと素直に、かつシンプルに考えてみてはどうかと思います。僕自身も、ずっとお金に関する不安が続いていました。実家も貧しく、大学生の頃はずっとバイトをして生計を立てていました。お金への心配は、結局、30代に入るまでずっと続いたのですが、ある時点で、自分なりに普通に生活しても満足できるくらいの収入を得ることができるようになりました。そのときはまだ独身でしたが、自分が無理しない程度に暮らせて、自然と貯金額も増えていくような状態です。そのとき、「これくらいの年収を稼げれば、僕ひとりなら不安なくやっていけるんだな」ということを理解したのです。自分の生活を成り立たせる収入の基準が明確になったのです。

それまでは、僕自身、もっと評価を上げて、もっと収入を上げることに固執していました。やはり、もともと貧乏だったこともあって、そこに力を注いでいたところもあります。その結果、自分にとって十分な生活水準を保てる金額というものが分かるようになりました。これくらいならやっていけるなという基準が分かったからこそ、あえてDeNAをやめて、独立したり、別の会社に転職したりすることを決断できたとも言えます。

年収については、なぜかみんな漠然と年収1000万円を目指すというような風潮がないでしょうか。年収1000万円がエリートかエリートでないかの基準になっているようにも思えますが、本当にその人に年収1000万円が必要なのかどうかもよく分からないのです。

実際に稼いでみて、本当は年収600万円でも十分だという可能性もありますし、逆に年収2000万円でも足りないという人もいるだろうと思います。

だから、あくまでも年収1000万円は漠然とした目標に過ぎないのです。自分が生きていくうえで、いくらあれば十分なのか分からないために、むやみに年収1000万円を目指すことになってしまっているのだと思います。

ですから、もしお金のことが不安ならば、一度、がむしゃらに収入を上げることに本気になって打ち込んでみるのはいかがでしょうか。もっとシンプルに年収のことだけを考えて、キャリアを組み立ててみるのです。そうすることで、自分は年収1000万円も必要ないなとか、もっと高くないと満足できないなどと分かるかもしれません。

自分の閾値《いきち》を知ることは、自分に適したキャリアを知ることにもつながると思います。ですから、迷ったときには自分の欲求に素直に、かつシンプルにキャリアを考えてみるのもよいのではないでしょうか。

ワーク：自分の「強み」を見つけよう！

自分から見た強み（得意なこと）と弱み（不得意なこと）を
横軸（x軸）に、他人から見た自分の強み（得意なこと）と
弱み（不得意なこと）を縦軸（y軸）として、
自分の強み／弱みを整理してみましょう。

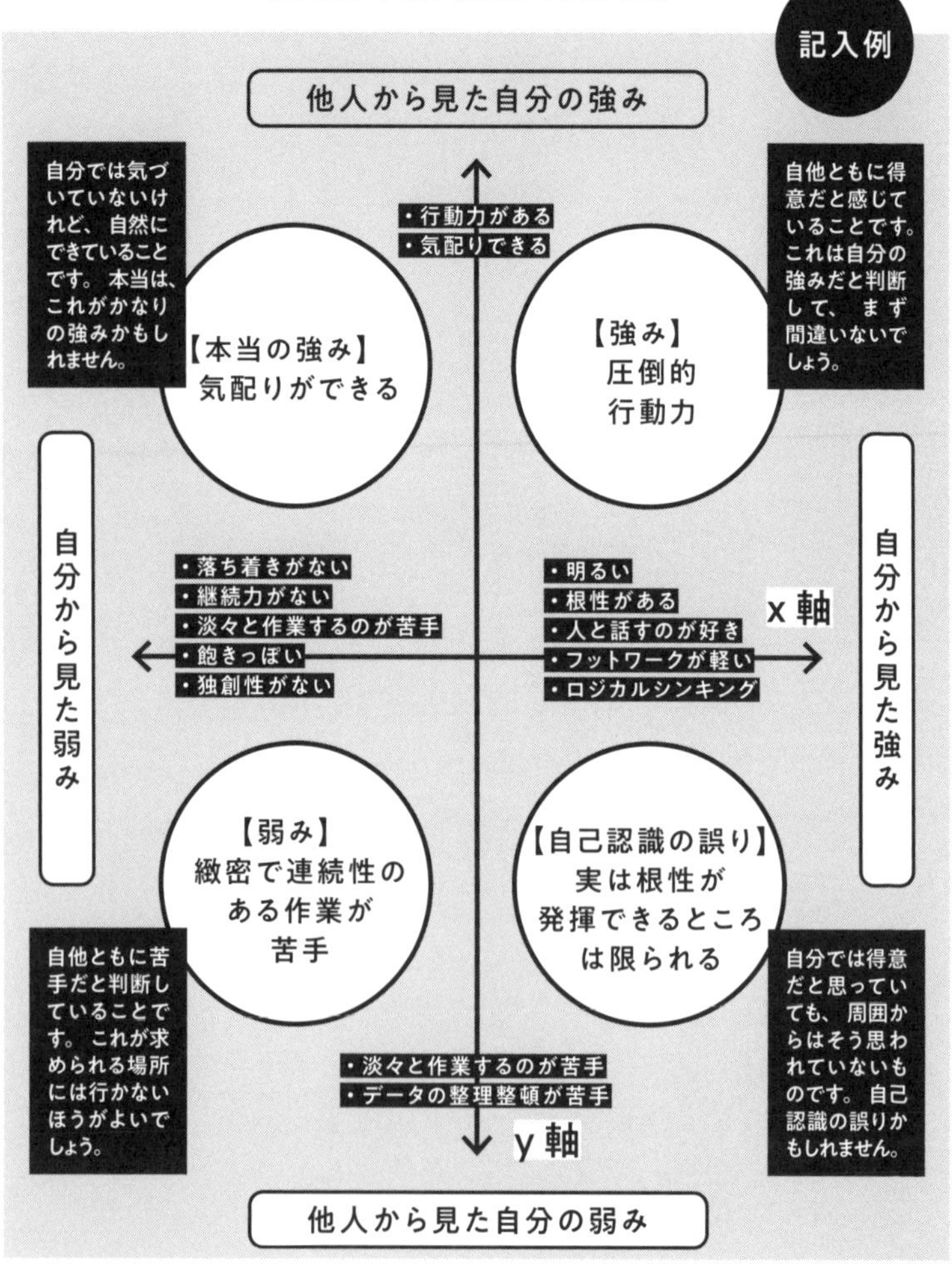

記入例
他人から見た自分の強み
自分では気づいていないけれど、自然にできていることです。本当は、これがかなりの強みかもしれません。
・行動力がある
・気配りできる
【本当の強み】気配りができる
【強み】圧倒的行動力
自他ともに得意だと感じていることです。これは自分の強みだと判断して、まず間違いないでしょう。
自分から見た弱み
・落ち着きがない
・継続力がない
・淡々と作業するのが苦手
・飽きっぽい
・独創性がない
・明るい
・根性がある
・人と話すのが好き
・フットワークが軽い
・ロジカルシンキング
x軸
自分から見た強み
【弱み】緻密で連続性のある作業が苦手
【自己認識の誤り】実は根性が発揮できるところは限られる
自他ともに苦手だと判断していることです。これが求められる場所には行かないほうがよいでしょう。
自分では得意だと思っていても、周囲からはそう思われていないものです。自己認識の誤りかもしれません。
・淡々と作業するのが苦手
・データの整理整頓が苦手
y軸
他人から見た自分の弱み

＼実際に記入してみましょう！／

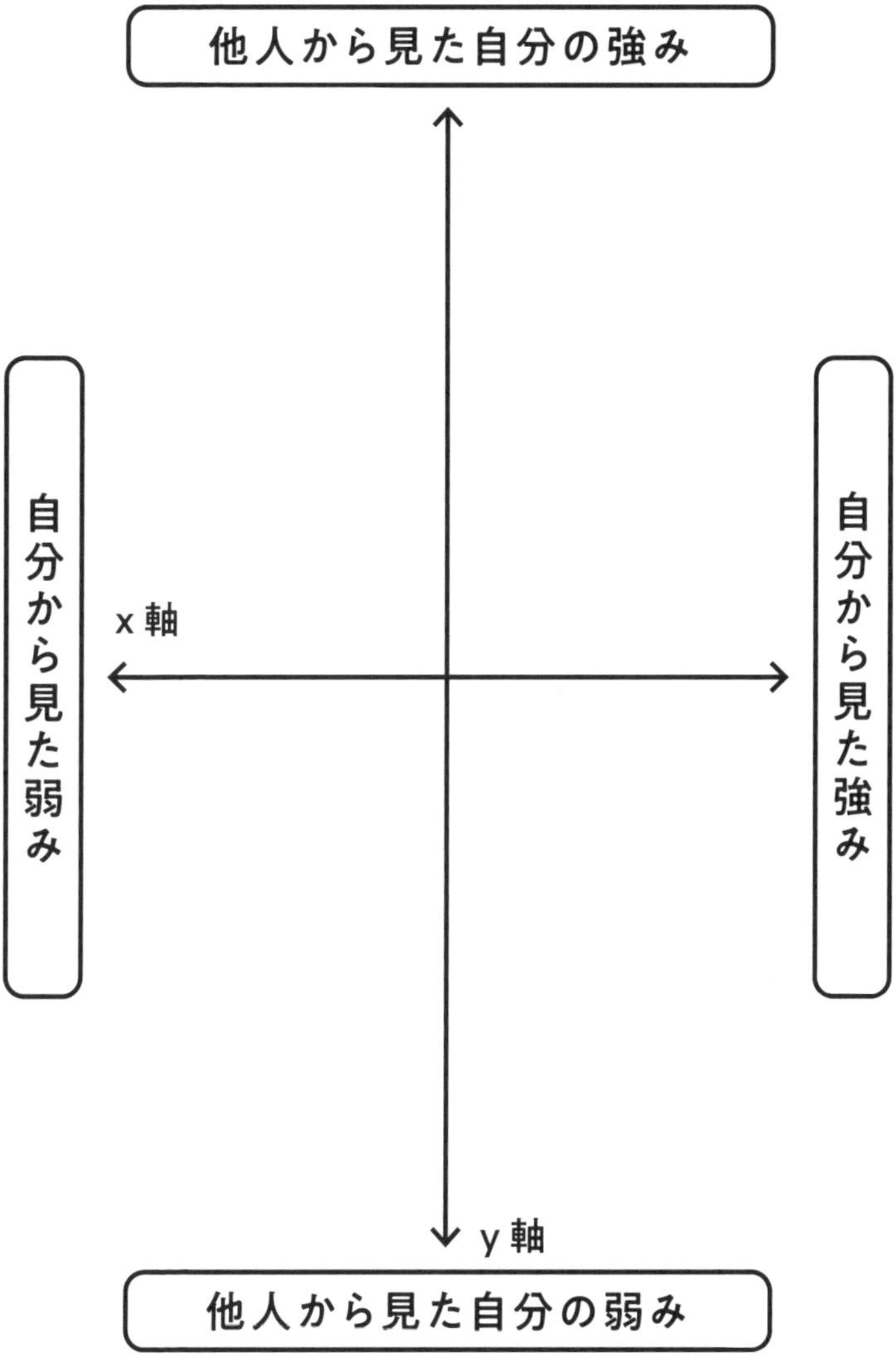

おわりに

自分の強みをきちんと分析して、それに適した場所を選択していく。「強み×場所」という方程式が最大化できれば、きっと自分に適したキャリアを築くことができるはず――。どんなキャリアを築くべきかと問われたときに、僕から言えることは、この考え方を理解したうえで、各人が自分で考えて自分に適したキャリアを見つけていってもらえたら、ということだけです。こういうキャリアを築けだなんて、言えるわけがありません。

人にはさまざまな個性があります。本書でもお話ししたように、「みんな違う」からこそ、その人なりのキャリアがあり得るのだと思います。

僕自身、自分のキャリアを振り返ると、そもそも営業は大の得意だと言いながらも、実は「人に共感できない」「人の悩みが分からない」という、対人のコミュニケーションが苦手な人間でした。30代で自閉スペクトラム症などの診断も受けて、自分も家族や友人も妙に納得しました。それは、子どもの頃からずっと付き合ってきた、なかなか変わらない「特性」です。おそらく、これからもずっと関わり続けていくことになるだろうと思います。ただ、僕はそういう特性でも、自分を活かせる環境を探して、そういう場所にずっと身を置き続けてきたことが、自分なりのキャリアの特徴だったのではないかと、今、振り返って思います。

要は、苦手なことからは逃げてもいいのです。僕自身、常に自分の強みや得意を発揮できるような場所に身を置くようにしてきました。どんなに能力やスキルを磨いても、環境やメンバーとの相性によっては価値が発揮できなくなることもあります。また、苦手なことを克服しようとすると、どうしても自分の嫌な部分と向き合わざるを得ず、かえって自信をなくしてしまわないでしょうか。僕の場合、診断を受けてどこか収まりがついたような気もしますが、改善しようと思ってもどうしても変えられない特性であれば、なおさらつらいものです。

だから、変えようと思っても改善できないことに無理に逆らうよりも、「自分が一番になれる場所」を探す努力を、人一倍してきたと思います。逆に、自分が「できない側」に回りそうになったら、環境を変えて、逃げてもいい。それが僕の生存戦略であり、僕が思い描くキャリアのあり方でした。苦手なことからは逃げてもいい。自分の強みを活かせる場所を目指そう。これが、僕が本書で述べてきたキャリアフィット の考え方の原点です。

無理に苦手を克服しようとするよりも、自分の得意を存分に活かせる場所を見つけたほうが、ずっと楽しく生きられるのではないでしょうか。「自分に合った仕事を見つけなければならない」というのも、僕からすれば、思い込みの一つでしかないように思います。その結果、苦しい思いをしている人がいっぱいいるように思うのです。僕自身、今の仕事が本当に自分に合っているのか、適した仕事なのかどうかは、正直に言って分かりません。自分の能力やスキルが必要とされている場所を、ただ選んできただけなのです。だから、本書を読んでくれた皆さんも、自分が自分らしく輝ける場所に、もっと逃げ出せばいいと思います。「こう生きるべきだ」という世間の声は無視して、もっと自分の心に素直に、わがままに生きてもいいのではないでしょうか。

2024年5月吉日

石倉秀明

カバーデザイン：萩原弦一郎（256）
本文・図版デザイン：近藤みどり
本文 DTP：藤原政則（アイ・ハブ）
編集：田村真義・吉原彩乃
編集協力：佐藤 喬
制作協力：吉祥寺事務所

石倉秀明（いしくら・ひであき）

公益財団法人 山田進太郎 D&I 財団 COO
1982年生まれ、群馬県出身。大学を中退し、フリーター生活をしているときにコンビニで偶然見かけた求人に応募し、株式会社リクルートHRマーケティングに入社。営業担当として頭角を現す。その後、株式会社リブセンス、株式会社ディー・エヌ・エー（DeNA)、株式会社キャスターでも自らの強みを活かして活躍。2023年12月、働き方に関する調査・分析・研究を行う「Alternative Work Lab（オルタナティブワークラボ)」を設立。2024年2月、公益財団法人山田進太郎 D&I 財団のCOOに就任。現在は、「すべての人が、好きなことを目指せる社会に」をモットーに、さまざまな制度や社会構造のゆがみ、バイアスなどによって望むキャリアを歩み続けられない人々を支援する活動を行っている。

CAREER FIT

仕事のモヤモヤが晴れる適職の思考法

2024年6月7日　第１刷発行

著　者　石倉秀明
発行人　関川 誠
発行所　株式会社宝島社
〒102-8388　東京都千代田区一番町25番地
電話［営業］03-3234-4621　［編集］03-3239-0928
https://tkj.jp
印刷・製本　中央精版印刷株式会社

Printed in Japan
ISBN978-4-299-04676-5